El Diario del Cerebro Feliz: La forma más poderosa de manifestar, sentirse motivado y mejorar la autoestima

TU APOYO HACE UNA GRAN DIFERENCIA!

Cuando apoyas nuestro negocio, estás apoyando que un sueño se haga realidad.

Comparte un imagen o un video de tu Diario del Cerebro Feliz en las redes sociales para obtener un **20 % de descuento en tu próxima compra!**

Envíe un correo electrónico a hello@quantummindframe.com con el enlace de tu publicación en las redes sociales para recibir tu descuento especial.

Conectemos!

Sigue nuestros canales sociales @quantummindframe

Herramientas para encontrar tus *fortalezas* y crear un cambio positivo en tu vida.

QUANTUM
MINDFRAME

quantummindframe.com

Quantum Mindframe

PONTE EN CONTACTO
hello@quantummindframe.com

CREADO POR
Esma Verma

© 2024 Happy Brain Journal
Reservados todos los derechos.

Ninguna parte de este libro puede reproducirse de ninguna forma sin el permiso del editor, excepto según lo permitido por la ley de derechos de autor de EE. UU.

El Diario del Cerebro Feliz es propiedad de Quantum Mindframe

quantummindframe.com

DESCARGO DE RESPONSABILIDAD

Al ver o utilizar este libro, usted acepta todas las partes de este Descargo de responsabilidad. Por lo tanto, si no está de acuerdo con la exención de responsabilidad que aparece a continuación, DETÉNGASE ahora y no utilice este libro. La información proporcionada en este libro o a través de él tiene fines educativos e informativos únicamente y únicamente como herramienta de autoayuda para su propio uso. Aunque soy psicoterapeuta, este libro no pretende brindar tratamiento de salud mental y no constituye una relación cliente/terapeuta, que sólo se establece después de una consulta inicial y un consentimiento firmado. No intento ni pretendo brindar terapia a través de este libro. La información proporcionada en este libro no reemplaza la relación terapéutica en psicoterapia ni la relación de coaching. La información contenida en este libro no pretende reemplazar el consejo médico. Las ideas, procedimientos y sugerencias descritos en este libro no pretenden sustituir la consulta con su médico. El autor no será responsable de ninguna pérdida o daño que surja de cualquier sugerencia o información contenida en este libro. Usted acepta que la información contenida en este libro no constituye asesoramiento legal ni financiero. Usted reconoce que participa voluntariamente en el uso de este libro y que es el único y personalmente responsable de sus elecciones, acciones y resultados, ahora y en el futuro. Usted acepta toda la responsabilidad por las consecuencias del uso o no uso de cualquier información proporcionada en este libro o a través de él, y acepta utilizar su propio criterio y diligencia debida antes de implementar cualquier idea, sugerencia o recomendación de este libro para tu vida, familia o negocio. No puedo predecir y no garantizo que usted obtendrá un resultado particular, y usted acepta y comprende que los resultados difieren para cada individuo. Los resultados de cada individuo dependen de sus antecedentes únicos, dedicación, deseo, motivación, acciones y muchos otros factores. Usted acepta plenamente que no existen garantías sobre el resultado o los resultados específicos que puede esperar del uso de la información que recibe en este libro o a través de él. Aunque se han hecho todos los esfuerzos posibles para garantizar la exactitud de la información compartida en este libro o a través de él, la información puede contener inadvertidamente inexactitudes o errores tipográficos. Usted acepta que no soy responsable de los puntos de vista, opiniones o exactitud de los hechos a los que se hace referencia en este libro o a través de él o de los de cualquier otro individuo o empresa afiliada a mi libro o a mí de cualquier manera. Debido a que las prácticas científicas, tecnológicas y comerciales evolucionan continuamente, usted acepta que no soy responsable de la exactitud de este libro ni de ningún error u omisión que pueda ocurrir. Bajo ninguna circunstancia el autor es responsable de las pérdidas, directas o indirectas, que se produzcan debido al uso de la información contenida en este libro, incluidos, entre otros, errores, omisiones o inexactitudes. Consulte a un profesional autorizado antes de intentar cualquier técnica descrita en este libro.

No aceptes la definición que otros den de tu vida; definete a ti mismo.

HARVEY FIERSTEIN

Contenido

Cinco Razones Por Las Que Te Encantará El Diario del Cerebro Feliz 1

Cómo Funciona 6

Las Herramientas 12

Ejemplos de Asientos de Diario 18

Preguntas Frecuentes 25

El Diario 33

Glosario de Emociones 224

Cómo Sentir tus Emociones 229

Vocabulario de Sensaciones Físicas 233

Pensamientos Finales 236

Recursos 238

Cinco Razones Por Las Que Te Ecantara El Diario del Cerebro Feliz

1. ES LA MANERA MÁS PODEROSA DE MANIFESTAR.

El Diario del Cerebro Feliz está diseñado para entrenar tu cerebro para crear un estado deseado y facilitar el logro de tus objetivos. La mente subconsciente procesa la imaginación de manera similar a la realidad. Cuando visualizamos que algo sucede en nuestra mente, nuestro cerebro y nuestro cuerpo responden casi como si esa experiencia fuera real. Se ha demostrado que visualizar sus metas y el futuro deseado aumenta la motivación, mejora el estado de ánimo, genera confianza y aumenta la probabilidad de lograr esas metas.

El secreto para manifestar implica tres habilidades altamente refinadas:
- Sentir las emociones positivas asociadas con el resultado esperado de su manifestación deseada.
- Mantener una perspectiva general positiva sobre la vida y una sensación interna de seguridad a través de la regulación emocional.
- Tomar pequeños pasos consistentes para alcanzar sus objetivos.

Aquello en lo que mantienes tu atención enfocada se amplifica e informa tu experiencia. Mantener la atención enfocada en un resultado deseado prepara a tu cerebro para notar oportunidades que pueden llevarte a ese objetivo.

Se ha demostrado que el uso deliberado de técnicas de visualización construye nuevas vías neuronales en el cerebro. Los mejores deportistas del mundo llevan años utilizando técnicas de visualización. Es hora de que aproveches esta poderosa herramienta.

El arte de la manifestación requiere práctica y habilidad altamente evolucionada. El Diario del Cerebro Feliz es la forma más poderosa de manifestar, ya que entrena tu cerebro y sistema nervioso y te ayuda a mantener la constancia en tu práctica diaria.

2. ESTÁ CONSTRUIDO UTILIZANDO PSICOLOGÍA PROBADA.

El Happy Brain Journal utiliza componentes de la psicología positiva, prácticas somáticas, autocompasión y terapia experiencial, así como las siguientes prácticas basadas en evidencia:

Terapia Dialéctica Conductual
Terapia de Aceptación y Compromiso

3. ESTÁ DISEÑADO PARA ENSEÑAR FLEXIBILIDAD PSICOLÓGICA A TU CEREBRO.

Las investigaciones muestran que la flexibilidad psicológica puede ayudar a reducir el estrés, la ansiedad, la depresión, los síntomas postraumáticos y también puede ayudar a aumentar la resiliencia emocional. La flexibilidad psicológica implica tres componentes: atención plena, regulación emocional y compromiso con los valores.

Cuando somos psicológicamente flexibles, tomamos decisiones basadas en los objetivos y valores elegidos en lugar de en nuestras reacciones emocionales a corto plazo.

4. TE ENSEÑA A CONSTRUIR Y MANTENER LA INTEROCEPCIÓN.

La interocepción es una habilidad en la que aumentamos nuestra conciencia interna de nuestro cuerpo desarrollando una sensación sentida del cuerpo. Cuando tenemos esta nueva sensación, podemos conectar lógicamente nuestros factores desencadenantes con las respuestas de nuestro cuerpo. Luego podemos aplicar técnicas somáticas para enviar señales de seguridad desde el cuerpo al cerebro.

Cuando se repite este proceso, esencialmente estamos reconfigurando el cerebro y el sistema nervioso.

5. FUE CREADO ORIGINALMENTE POR UN TERAPEUTA PARA USO PERSONAL.

Como terapeuta, he ayudado a personas durante años, brindándoles reflexiones profundas, habilidades prácticas de afrontamiento y curación guiada de sistemas de creencias negativos profundamente programados.

Cuando encontré ansiedad y patrones no deseados en mi propia vida, me di cuenta de que no me ofrecía constantemente la misma compasión y herramientas de reprogramación que les brindaría a mis clientes.

Me sentí atascada en mi propio viaje de salud mental. Sabía que llevar un diario era una herramienta útil, pero a veces lo encontraba aburrido y no podía mantener un hábito constante. Probé muchos métodos para llevar un diario y no me parecieron adecuados.

Comencé a experimentar creando mi propio método de diario y así nació El Diario del Cerebro Feliz. Creé este diario para ayudarme a mantener la consistencia con los hábitos que son esenciales para una salud mental óptima.

El mejor momento para plantar un árbol fue hace 20 años. El segundo mejor momento es ahora.

PROVERBIO CHINO

Como Funciona

Aquí repasaremos cada parte del diario para que puedas sentirte seguro de cómo funciona cada ejercicio.

Rutina del Día

Hay cuatro ejercicios en la rutina diurna. A continuación se muestran breves descripciones de cada ejercicio con ejemplos. *Se necesitan unos 7 minutos para completar la rutina diurna.*

1) Limpia: Este ejercicio está diseñado para ayudarte a hacer dos cosas: enfrentar tus miedos y desarrollar la interocepción. El miedo, la preocupación y el estrés crecen incontrolablemente cuando no los enfrentamos de frente. ¡Debemos ponerle un nombre para domesticarlo! La interocepción es un componente clave para dominar los miedos, ya que se necesita más que una conciencia lógica del miedo para superarlo. Debemos sentir plenamente las sensaciones incómodas asociadas con el miedo para superarlo verdaderamente.

La interocepción es una conciencia interna del cuerpo que es la base para aprender la flexibilidad psicológica y reconectar el cerebro y el sistema nervioso.

2) RVRR Parte I: La primera parte de la técnica RVRR está diseñada para construir nuevas vías cerebrales para lidiar con emociones incómodas y situaciones estresantes. la técnica RVRR te guía para desarrollar resistencia para el procesamiento interno de las sensaciones que acompañan al estrés y luego te enseña cómo guardarlas de manera efectiva y saludable para que pueda realizar sus actividades diarias. Esta es la flexibilidad psicológica en acción.

3) Visualizar: Este ejercicio está diseñado para enseñarle a su cerebro a mantener la atención enfocada en un aspecto de un resultado deseado a la vez. Aprender a concentrarse en un aspecto a la vez puede aumentar su capacidad de experimentar satisfacción a lo largo del viaje mientras trabaja en sus objetivos.

Este uso deliberado de la visualización preparará tu cerebro para alcanzar objetivos y estar abierto a oportunidades.

4) Mirar: Este ejercicio está diseñado para ayudarte a desarrollar un fuerte sentido de sí mismo, mejorar tu autoestima y sentirte seguro de sus valores. Un fuerte sentido de uno mismo es un componente clave para poder mantener la flexibilidad psicológica.

EL DIARIO DEL CEREBRO FELIZ

Rutina Nocturna

Hay cinco ejercicios en la rutina nocturna. A continuación se muestran breves descripciones de cada ejercicio con ejemplos. *Se necesitan unos 7 minutos para completar la rutina nocturna.*

1) Visualizar este ejercicio está diseñado para enseñarle a tu cerebro a buscar resultados positivos. Cuanta más práctica adquiera su cerebro para escanear e identificar resultados positivos; más comenzará tu cerebro a identificar resultados favorables o positivos por sí solo. Cuando se realiza repetidamente, este ejercicio puede anular la programación anterior y esencialmente reconfigurar el cerebro. Una vez que se forman nuevas vías cerebrales, este efecto puede llegar al cuerpo, creando una sensación de seguridad en tu experiencia interna. Cuando una persona se siente segura, es más probable que corra riesgos positivos y se desempeñe mejor en varias áreas de la vida, incluido el trabajo, los deportes y las relaciones. Este ejercicio requiere notar cosas "nuevas" y "pequeñas". Esto es especialmente eficaz a la hora de crear nuevas vías neuronales.

2) RVRR Parte II: La segunda parte de la técnica RVRR es la pieza final y esencial para mantener un ambiente saludable y feliz en el cerebro y el sistema nervioso.
Sin la segunda parte de la técnica RVRR, las emociones que se procesan y almacenan inicialmente en la primera parte de

RVRR se desbordarían y crearían más angustia. RVRR Parte II es la instrucción física real sobre cómo procesar completamente las emociones no deseadas fuera del cuerpo.

Esta parte del ejercicio del diario también te ayuda a ser responsable ante sí mismo. Cumplir pequeñas promesas te ayuda a construir una base de seguridad, estabilidad y confianza dentro de ti. Esta base es el trampolín desde donde pueden crecer una autoestima y una confianza saludable.

3) Visualizar: Este es un ejercicio somático diseñado para ayudar a que tu cuerpo y tu sistema nervioso experimenten relajación. Este ejercicio también está diseñado para entrenar tu sistema nervioso para desarrollar resistencia y permanecer en un estado relajado durante un período prolongado. Cuanto más practiquemos la creación de una experiencia deliberada de relajación en el cuerpo, más preparado estará el sistema nervioso para experimentar lo mismo en la vida real. Aumentar su resistencia para sentir esta sensación puede ayudar a sanar un sistema nervioso demasiado agotado y cambiar la forma en que se presenta en el mundo.

4) Identificar: Este ejercicio está diseñado para enseñarle a tu cerebro a buscar gratitud. Hay multitud de estudios que demuestran que la gratitud puede mejorar significativamente la salud mental y la felicidad y satisfacción general con la vida. Este ejercicio también está diseñado para entrenar tu sistema nervioso para que se familiarice con las sensaciones de gratitud y desarrolle resistencia para sentir gratitud durante períodos prolongados de tiempo. Aumentar su resistencia a la gratitud puede ayudar a sanar un sistema nervioso demasiado agotado y mejorar la tolerancia al estrés. Este ejercicio requiere notar cosas "nuevas" y "pequeñas". Esto es especialmente eficaz a la hora de crear nuevas vías neuronales.

5) Identificar: Este ejercicio está diseñado para ayudar a ponerte en contacto con los mensajes almacenados en el nivel subconsciente del cerebro. Escuchar a tu subconsciente puede ayudarte a tomar decisiones que estén más alineadas con tu verdadera felicidad y deseos. Tener una comprensión clara de sus verdaderas necesidades y deseos puede ayudarte a aumentar tu efectividad y eficiencia mientras alcanza tus objetivos. El uso de una tercera persona en este ejercicio es deliberado y especialmente útil en este esfuerzo.

Las Herramientas

Aquí podrás encontrar instrucciones paso a paso para aprender a hacer la Técnica RVRR.

La Técnica RVRR (pronunciada "river")

La Técnica RVRR significa **R**egulate (Regular), **V**ault (Encerrar), **R**espond (Responder) & **R**elease (Liberar).

Esta técnica se divide en dos partes. La primera parte incluye (Regular, Encerrar, y Responder). La segunda parte incluye (Liberar). A continuación se muestran instrucciones sobre cómo realizar cada parte de la técnica RVRR:

RVRR Parte I

Una vez dominado, tarda menos de 60 segundos en completarse.

Regulate (Regular)

1) Nota que tienes un pensamiento o situación incómoda y dilo en voz alta en tu mente. *(Ejemplo: "Mi jefe me pidió que fuera a una reunión. siento ansiedad")*

2) Usa tu imaginación para escanear tu cuerpo y localizar donde puedes sentir la emoción incómoda. *(Ejemplo: "Lo siento en mi pecho")*

3) Describe la sensación que sientes en esa parte del cuerpo. *(ejemplo: "Siento una sensación de opresión y pesadez en el pecho")*.

4) Tómate entre 5 y 20 segundos para sentir toda la fuerza y el malestar de estas sensaciones no deseadas. (A medida que practiques, desarrollarás resistencia para durar más)

5) Imagina una pequeña bola de luz flotando frente a ti (con el color y la voz más relajantes). Imagina que la bola te dice **"te ayudo"**

6) Respira profundamente e imagina la bola de luz moviéndose hacia tu cuerpo y derribando sistemáticamente las emociones incómodas provocando una reacción en cadena como si fueran fichas de dominó que caen. Ve y siente cómo las emociones caen en secuencia.

Vault (Encerrar)

1) Imagina una bóveda fuerte y segura flotando en un rincón de tu entorno (elije el rincón que te parezca adecuado).

2) Exhala lentamente e imagina que las emociones abandonan tu cuerpo con la respiración y entran en la bóveda.

3) Imagina que cierras la puerta y guardas todas las emociones no deseadas dentro de esta bóveda ultrasegura. Estableze un código en la bóveda para la hora y el día en que regresarás para liberar la bóveda. La bóveda permanecerá pacientemente en su rincón designado hasta que llegue el momento de volver a visitarla.

4) Respira profundamente otra vez e imagina la pequeña bola de luz llenando tu cuerpo de fuerza y calma.

Respond (Responder)

1) Ahora responde a tu situación actual en función de tus valores y objetivos más amplios.

RVRR Parte II

Una vez dominado, tarda menos de 5 minutos en completarse.

Release (Liberar)

1) Elije un movimiento físico que te resulte catártico y que sea accesible de realizar. (por ejemplo: caminar, pisar fuerte, trotar, saltar, golpear una almohada o un saco de boxeo, hacer flexiones, escribir en un diario, acurrucarse formando una bola y mecerce hacia adelante y hacia atrás, apretar las manos en puños apretados, gritar contra una almohada , llorar, cantar, gruñir, etc.)

2) Elige un color que puedas asociar con las emociones que están encerradas en tu bóveda.

3) Desbloquea tu bóveda y permite que las emociones regresen a tu cuerpo donde estaban antes. Piense en la situación original que provocó las emociones incómodas.

4) Usa tu imaginación para visualizar estas emociones no deseadas dentro de tu cuerpo con el color que hayas elegido.

5) Tómate entre 20 y 60 segundos para sentir toda la fuerza y el malestar de estas sensaciones no deseadas dentro de tu cuerpo; Notando dónde los sientes en tu cuerpo. Quédate con las sensaciones incómodas incluso si se desplazan a diferentes partes del cuerpo. Incluso si se vuelve más fuerte, quédate ahí tanto tiempo como puedas. (A medida que practiques, desarrollarás resistencia para durar más).

6) Haz el movimiento físico que seleccionaste. Imagina la emoción junto con el color que abandona tu cuerpo para siempre. Imagine que esta emoción/color se expresa fuera de tu cuerpo y en algún lugar de tu entorno físico donde pueda reciclarse y ya no te moleste.

Ejemplos para RVRR Parte II

A) Mientras cantas, imaginas que el rojo/la ira sale por tu boca y se recicla en el cielo.

B) Mientras caminas, imaginas que la naranja/ansiedad sale por tus pies y se recicla en la tierra.

C) Mientras golpeas un saco de boxeo, imaginas que el verde/los celos salen de tus manos y se reciclan en el saco de boxeo.

D) Mientras haces flexiones, imaginas que el color púrpura/frustración sale de tu pecho y se recicla en el suelo.

E) Mientras estás acurrucado en una bola y estas meciendo hacia adelante y hacia atrás, imaginas que el azul/tristeza sale de todo tu cuerpo donde se recicla en el aire.

F) Mientras lloras, imaginas que el amarillo/la vergüenza sale a través de tus lágrimas donde se recicla en el aire a medida que las lágrimas se evaporan.

G) Mientras gruñes, imaginas que el gris y la ira salen de tu garganta y se reciclan en las montañas en el horizonte.

H) Mientras rebotas una pelota de baloncesto, imaginas que la naranja/frustración sale de tu pecho, a través de tus brazos y manos, hacia la pelota, donde sale al pavimento.

G) Mientras aprietas los puños, imaginas el verde/la ansiedad saliendo de tu garganta a través de tus brazos, de tus manos, a través del aire hasta el suelo.

Escribe tus propias ideas para liberar tu bóveda:

1)_____

2) _____

3) _____

4) _____

5) _____

6) _____

7) _____

8) _____

9) _____

10) _____

Ejemplos de asientos de diario

Aquí veras ejemplos de anotaciones en el diario para que puedas sentirte seguro al realizar cada ejercicio.

Comenzando Mi Día 01/11/2024

Libera algo de espacio mental. Describe brevemente el pensamiento o factor estresante más fuerte que tienes en mente: etiqueta la emoción.

Mi jefe me envió un correo electrónico anoche diciendo que quiere tener una reunión conmigo al final de la semana. Me preocupa que me incluyan en un plan de mejora del rendimiento. Siento ansiedad.

Ubicación corporal: *Pecho* Sensación corporal: *Presión*

RVRR Parte 1: Tómate un minuto para realizar la parte 1 de la técnica RVRR. Ahora, establece un plan sobre cuándo, dónde y cómo liberaras tu bóveda más tarde hoy. *Escribe tu plan a continuación:*

Esta noche, después del trabajo, a las 7 de la tarde, puedo golpear un saco de boxeo en el gimnasio.

Visualiza sólo un aspecto de la vida de tus sueños: no planifiques ni pienses estrategias sobre cómo va a suceder. **Imaginate el resultado final**. Suaviza tu mirada o cierra los ojos y respira profundamente unas cuantas veces mientras imaginas y conectas con esta parte de tu vida ideal. **Tómate un minuto completo** para **disfrutar** de esta experiencia. ¿Cómo se ve y se siente esta parte de la vida de tus sueños? Escribe las palabras "¿Que tal...?" y luego describe este aspecto específico de la vida de tus sueños.

¿Qué tal... si estoy conduciendo mi nuevo convertible en una carretera panorámica? Mientras siento el viento en mi cara, también me siento seguro y fuerte al saber que tengo una posición de liderazgo en mi empresa y que mis finanzas rebosan abundancia.

Mira profundamente en ti mismo: mira y siente quién eres en verdad: tus valores, tu esencia, tus habilidades innatas y tu corazón. ¿Qué imágenes y cualidades representan tu verdadero yo? **Afirma** tu personalidad única. *Escribe las palabras que mejor te describen:*

Soy creativo y resiliente. Soy confiable y trabajador.

Terminando Mi Día   01/11/2024

Enumera Dos cosas que te salieron bien hoy. [Incluso las cosas más pequeñas son buenas para notar]

1. *Mi lugar habitual para almorzar tenía mi sándwich favorito en el menú de hoy.*
2. *Un amigo me envió un mensaje de texto alentador hoy.*

RVRR Parte 2: ¿Liberaste tu bóveda? ¿Cómo te fue? Escribe sobre ello aquí:

Cumplí mi palabra. Golpeé el saco de boxeo después del trabajo e imaginé una ansiedad roja saliendo de mis puños.

Visualiza una persona, un lugar, animal o yo superior que te haga sentir seguro y amado: **imagina** y siente esta esencia. Suaviza tu mirada o cierra los ojos y respira profundamente unas cuantas veces mientras te conectas. **Siente** el contacto amoroso, afectuoso y seguro. Permítete **fundirte** en el abrazo más relajante y reconfortante. Permítete **quedarte aquí durante un minuto completo**. ¿Hay alguna **sensación** o algún **mensaje** que te llega? ¿**Dónde** lo sientes en tu cuerpo? *Escribe las palabras que mejor describen esta experiencia:*

Sentí una sensación cálida y reconfortante en mi cara y pecho. Estaré bien.

Identifiqua una cosa por la que estes **agradecido** hoy: asegurate de que sea diferente de lo que identificaste ayer. [Incluso las cosas más pequeñas cuentan] Suaviza tu mirada/o cierra los ojos y respira profundamente unas cuantas veces mientras te **tomas un minuto completo** para **saborear** este sentimiento de gratitud. Escribe los detalles a continuación:

Estoy agradecido por mi perro que siempre me saluda moviendo felizmente la cola. Siento amor y pertenencia.

Identifica una **necesidad** actual. Entra dentro de ti y pregúntate "¿qué necesito?" Escribe en tercera persona "tu nombre necesita":

Jake necesita sentirse importante y querido.

Comenzando Mi Dia 01/12/2024

Libera algo de espacio mental. Describe brevemente el pensamiento o factor estresante más fuerte que tienes en mente: etiqueta la emoción.

Mi pareja está actuando distante. Me preocupa que vaya a romper conmigo. Siento miedo y tristeza.

Ubicación corporal: *Estómago*   Sensación corporal: *Hundimiento*

RVRR Parte 1: Tómate un minuto para realizar la parte 1 de la técnica RVRR. Ahora, establece un plan sobre cuándo, dónde y cómo liberaras tu bóveda más tarde hoy. *Escribe tu plan a continuación:*

Cuando llego a casa del trabajo, puedo cantar una canción mientras lloro.

Visualiza sólo un aspecto de la vida de tus sueños: no planifiques ni pienses estrategias sobre cómo va a suceder. **Imagínate el resultado final**. Suaviza tu mirada o cierra los ojos y respira profundamente unas cuantas veces mientras imaginas y conectas con esta parte de tu vida ideal. **Tómate un minuto completo** para **disfrutar** de esta experiencia. ¿Cómo se ve y se siente esta parte de la vida de tus sueños? *Escribe las palabras "¿Que tal...?" y luego describe este aspecto específico de la vida de tus sueños.*

¿Qué tal... si estoy de vacaciones de verano en Italia con mi prometido? Mientras caminamos de la mano por las calles adoquinadas, me siento emocionada y segura.

Mira profundamente en ti mismo: mira y siente quién eres en verdad: tus valores, tu esencia, tus habilidades innatas y tu corazón. ¿Qué imágenes y cualidades representan tu verdadero yo? **Afirma** tu personalidad única. *Escribe las palabras que mejor te describen:*

Soy cariñosa y divertida. Soy inteligente y fuerte.

Terminando Mi Día   01/12/2024

Enumera Dos cosas que te salieron bien hoy. [Incluso las cosas más pequeñas son buenas para notar]

1. *Hoy conseguí un buen lugar para estacionar en el trabajo.*
2. *Un lindo perro se me acercó y me dejó acariciarlo durante mi paseo de hoy.*

RVRR Parte 2: ¿Liberaste tu bóveda? ¿Cómo te fue? Escribe sobre ello aquí:

Cumplí mi promesa conmigo misma. Cuando llegué a casa canté una canción y lloré mientras imaginaba el color gris saliendo de mis lágrimas.

Visualiza una persona, un lugar, animal o yo superior que te haga sentir seguro y amado: **imagina** y siente esta esencia. Suaviza tu mirada o cierra los ojos y respira profundamente unas cuantas veces mientras te conectas. **Siente** el contacto amoroso, afectuoso y seguro. Permítete **fundirte** en el abrazo más relajante y reconfortante. Permítete **quedarte aquí durante un minuto completo**. ¿Hay alguna **sensación** o algún **mensaje** que te llega? ¿**Dónde** lo sientes en tu cuerpo? *Escribe las palabras que mejor describen esta experiencia:*

Sentí un suave color amarillo dándome un suave abrazo en mi espalda y hombros. Soy adorable.

Identifiqua una cosa por la que estes **agradecido** hoy: asegurate de que sea diferente de lo que identificaste ayer. [Incluso las cosas más pequeñas cuentan] Suaviza tu mirada/o cierra los ojos y respira profundamente unas cuantas veces mientras te **tomas un minuto completo** para **saborear** este sentimiento de gratitud. Escribe los detalles a continuación:

Agradezco a mi compañero de trabajo que me envía memes divertidos durante el día.

Identifica una **necesidad** actual. Entra dentro de ti y pregúntate "¿qué necesito?" Escribe en tercera persona "tu nombre necesita":

Morgan necesita sentirse deseada y elegida.

Comenzando Mi Dia 01/13/2024

Libera algo de espacio mental. Describe brevemente el pensamiento o factor estresante más fuerte que tienes en mente: etiqueta la emoción.

Mis suegros me juzgan por mis elecciones de vida y mi pareja no los enfrenta. Me siento frustrada.

Ubicación corporal: *brazos y piernas* Sensación corporal: *Caliente y presión*

RVRR Parte 1: Tómate un minuto para realizar la parte 1 de la técnica RVRR. Ahora, establece un plan sobre cuándo, dónde y cómo liberarás tu bóveda más tarde hoy. *Escribe tu plan a continuación:*

Durante mi pausa para el almuerzo puedo dar un paseo e imaginar la frustración saliendo de mis pies hacia la acera.

Visualiza sólo un aspecto de la vida de tus sueños: no planifiques ni pienses estrategias sobre cómo va a suceder. **Imaginate el resultado final.** Suaviza tu mirada o cierra los ojos y respira profundamente unas cuantas veces mientras imaginas y conectas con esta parte de tu vida ideal. **Tómate un minuto completo** para **disfrutar** de esta experiencia. ¿Cómo se ve y se siente esta parte de la vida de tus sueños? *Escribe las palabras "¿Que tal...?" y luego describe este aspecto específico de la vida de tus sueños.*

¿Que tal... si estoy en mi nueva casa en la playa que está perfectamente decorada a mi gusto? Escucho las olas del mar afuera y me siento satisfecha, relajada y feliz.

Mira profundamente en ti mismo: mira y siente quién eres en verdad: tus valores, tu esencia, tus habilidades innatas y tu corazón. ¿Qué imágenes y cualidades representan tu verdadero yo? **Afirma** tu personalidad única. *Escribe las palabras que mejor te describen:*

Soy creativa y divertida.

Terminando Mi Día   01/13/2024

Enumera Dos cosas que te salieron bien hoy. [Incluso las cosas más pequeñas son buenas para notar]

1. *El suéter que quería estaba disponible en mi talla y color favorito.*
2. *Mi vecina me sonrió hoy en la entrada de mi edificio.*

RVRR Parte 2: ¿Liberaste tu bóveda? ¿Cómo te fue? Escribe sobre ello aquí:

No cumplí mi promesa. Hoy me distraje con el trabajo y no tuve oportunidad de dar un paseo. Pondré una alarma y volveré a intentarlo mañana a las 12:00pm.

Visualiza una persona, un lugar, animal o yo superior que te haga sentir seguro y amado: **imagina** y siente esta esencia. Suaviza tu mirada o cierra los ojos y respira profundamente unas cuantas veces mientras te conectas. **Siente** el contacto amoroso, afectuoso y seguro. Permítete **fundirte** en el abrazo más relajante y reconfortante. Permítete **quedarte aquí durante un minuto completo**. ¿Hay alguna **sensación** o algún **mensaje** que te llega? ¿**Dónde** lo sientes en tu cuerpo? *Escribe las palabras que mejor describen esta experiencia:*

Sentí un suave color púrpura con un olor a lavanda que calmaba mi estómago y mi espalda. Estoy a salvo.

Identifiqua una cosa por la que estes **agradecido** hoy: asegurate de que sea diferente de lo que identificaste ayer. [Incluso las cosas más pequeñas cuentan] Suaviza tu mirada/o cierra los ojos y respira profundamente unas cuantas veces mientras te **tomas un minuto completo** para **saborear** este sentimiento de gratitud. Escribe los detalles a continuación:

Agradezco los programas de televisión que me reconfortan y que me ayudan a relajarme.

Identifica una **necesidad** actual. Entra dentro de ti y pregúntate "¿qué necesito?" Escribe en tercera persona "tu nombre necesita":

Jillian necesita sentirse apoyada.

Preguntas frecuentes

Aquí puedes encontrar respuestas a algunas de las preguntas más frecuentes.

¿Por qué hay tan poco espacio para escribir en el diario?

Este diario está diseñado para ser experiencial. Se trata más de experimentar los ejercicios. Practicarlos internamente y luego anotar algunas palabras para ser responsable y recordar cómo fue la experiencia.

¿Cómo funciona exactamente la manifestación y cómo el Diario del Cerebro Feliz me ayuda a aumentar mi capacidad de manifestar?

La "Interpretación de muchos mundos" es una teoría de la mecánica cuántica creada por el físico Hugh Everett en 1954 y ha ganado popularidad entre algunos físicos teóricos modernos como Sean Carroll.

La teoría de los muchos mundos propone que cada vez que ocurre un evento, el universo se divide en universos paralelos separados, cada uno de los cuales contiene un resultado posible diferente. Esto crea una línea de tiempo ramificada donde cada realidad potencial existe simultáneamente.

Algunos líderes de opinión que estudian el vínculo entre la espiritualidad y la física cuántica afirman que tenemos la capacidad de aprovechar estas diferentes líneas de tiempo mediante la coincidencia de frecuencias. Nuestra frecuencia está determinada por nuestros pensamientos, sentimientos y acciones.

A medida que cambiamos nuestros pensamientos, sentimientos y acciones, cambiamos nuestra frecuencia para que coincida con la frecuencia de otros resultados paralelos. Cuando somos intencionales al elegir qué pensamientos, sentimientos y acciones queremos aumentar, esencialmente estamos eligiendo una nueva realidad. Puedes pensar en ello como cambiar de estación de radio. Esta es la manifestación.

El Diario del Cerebro Feliz te ayuda a manifestar y alcanzar tus metas enseñándole a tu cerebro a visualizar un objetivo deseado mientras entrenas tu sistema nervioso para sentir seguridad somática y permanecer con estas emociones positivas durante un período más largo. También te enseña a tu cerebro a escanear y buscar resultados positivos que ayudan a mantener la sensación de seguridad en tu cuerpo por más tiempo.

Para manifestar eficazmente, los tres componentes deben estar alineados: pensamientos, sentimientos y acciones. Si visualizas tu objetivo pero sientes escasez y miedo en tu cuerpo y no tomas medidas consistentes, no veras ningún resultado.

El Diario del Cerebro Feliz también entrena a tu cerebro para cumplir pequeñas promesas cuando te registras diariamente sobre la finalización de la parte II de la Técnica RVRR. A medida que tu cerebro desarrolle el hábito de cumplir pequeñas promesas, no sólo tendrás más confianza, sino que será más probable que cumplas otras pequeñas promesas, como pequeños pasos que te ayuden a alcanzar las metas deseadas.

¿Si tengo pensamientos negativos o emociones difíciles, eso significa que no podre manifestar?

Este es un error común. Como seres humanos, debemos tener un amplio espectro de pensamientos y emociones a medida que experimentamos los altibajos naturales de la vida. Esto es normal y saludable. Permanecer estancado durante un período prolongado en un estado negativo puede ralentizar sus manifestaciones, pero tener los altibajos normales no lo hará.

Aquí es donde realmente brilla la técnica RVRR. La técnica RVRR te enseña a metabolizar emociones difíciles a través de tu sistema nervioso y fuera de tu cuerpo. No queremos tener una acumulación de emociones negativas en nuestro cuerpo, ya que esto no sólo puede causar enfermedades físicas y mentales, sino que también puede ralentizar nuestras manifestaciones.

Creyendo que debes de tener pensamientos positivos y emociones positivas las 24 horas del día, los 7 días de la semana, no es realista ni saludable. Un enfoque más saludable, realista y eficiente es aceptar que los pensamientos negativos y las emociones difíciles son parte de la vida, y que sólo necesitamos utilizar herramientas como la técnica RVRR para ayudar a procesarlos fuera de nuestro cuerpo. A veces será rápido y otras puede llevar más tiempo, dependiendo del tipo de factores estresantes de la vida que estén sucediendo en ese momento.

Si estas pasando por un factor estresante extremo en tu vida o estas lidiando con una enfermedad mental, no puedes confiar únicamente en la técnica RVRR. En estos casos, debes buscar tratamiento de un profesional médico autorizado y recibir apoyo de tu comunidad, familia y amigos para ayudar a estabilizar tu salud física y mental.

¿La Técnica RVRR eliminará por completo cada vez una emoción difícil?

La Técnica RVRR es poderosa y efectiva, sin embargo nada en la vida es infalible. Al igual que la mayoría de las cosas en la vida, se necesita práctica constante para obtener los mejores y más sólidos resultados. La mejor forma de utilizar la técnica RVRR es practicar diariamente con emociones más pequeñas. Esto construirá vías neuronales para la Técnica RVRR y, a medida que pase el tiempo, se volverá cada vez más efectiva con emociones cada vez más grandes.

Piensa en ello como convertirse en levantador de pesas. Puedes tener las mejores herramientas y técnicas, pero no puedes empezar con 100 kilos el primer día. Debes empezar con un peso ligero. Dependiendo de tu fisiología personal, tal vez un peso liviano para ti sea de 5 kilos o 15 kilos, etc. Comienza poco a poco y con práctica constante; empiezas a ganar peso. Con el tiempo podrás hacer el trabajo pesado. El mismo principio se aplica a la técnica RVRR.

A veces descubriras que la técnica RVVR te brinda un alivio total de una emoción incómoda. Otras veces encontrarás que te proporciona un alivio parcial y necesitarás repetir la técnica nuevamente y luego recibir apoyo emocional de un familiar, amigo o profesional para obtener un poco más de alivio. Cuanto más practiques con el tiempo, mejores resultados obtendrás.

¿Por qué me siento aburrido o ansioso cuando hago algunos de los ejercicios de este diario?

Muchas personas tienen poca tolerancia a sentir sensaciones de seguridad y calma en el cuerpo. Esto se debe a que el sistema nervioso se siente más cómodo con lo "familiar". Para muchas personas, un estado constante de estrés y una congelación funcional son sensaciones familiares.

A veces, el sistema nervioso puede malinterpretar las sensaciones de seguridad y calma como aburridas o incluso peligrosas. Piense en ello como la forma que tiene el cuerpo de mostrar desconfianza hacia las sensaciones positivas y como dice el dicho esperando a que caiga la espada de Damocles.

A través de la exposición constante e intencional a sensaciones de seguridad y calma, podemos reconfigurar nuestro sistema nervioso y dejar espacio para que se manifiesten más experiencias positivas en nuestras vidas.

La Técnica RVRR tiene muchos pasos. ¿Va a tardar mucho en hacerlo?

La técnica RVRR es un ejercicio somático y experiencial muy eficaz que puede construir nuevas vías cerebrales y traer propiedades sanativas el sistema nervioso. Se ha dividido en muchos micropasos para ayudar al lector a comprender cómo realizar la técnica con precisión.

Una vez que hagas la técnica RVRR varias veces, comenzarás a dominarla y eventualmente la dominarás como andar en bicicleta. Si tuvieras que dividir cómo andar en bicicleta en micropasos, al principio te parecería desalentador, pero después de un poco de práctica, comienzas a desarrollar una memoria muscular y toda la experiencia simplemente fluye.

Piense en ello como aprender a andar en bicicleta. Pronto "sabrás" cómo hacerlo sin necesidad de leer los pasos. Después de desarrollar este conocimiento interno, debería tomar menos de 60 segundos realizar la primera parte y de 2 a 5 minutos completar la segunda parte de la técnica RVRR.

Si solo hago la técnica RVRR en este diario, ¿cómo me ayudará eso a lograr flexibilidad psicológica en el mundo real?

Una vez que comiences a practicar la técnica RVRR a través de este diario, comenzarás a construir nuevas vías neuronales (como desarrollar la memoria muscular al practicar un deporte). El objetivo es que esta técnica se convierta en algo natural y que empieces a practicarla en tu vida real, fuera de este diario en tiempo real, a medida que te encuentres con situaciones desafiantes en tu vida diaria. Cada vez que gestionas con éxito las emociones y eliges comportamientos acordes con tus objetivos y valores te acercas más a construir la vida de tus sueños.

A medida que desarrolles flexibilidad psicológica, descubriras que los desafíos de la vida no te agobiarán tanto como antes. Podrás metabolizar las emociones negativas de tu sistema nervioso mucho más rápido que antes. Las emociones negativas comenzarán a pasar a un segundo plano y tendrás una mayor capacidad para concentrarte en lo positivo y sentirte motivado con respecto a tus objetivos de vida.

La excelencia no es un acto sino un hábito.

ARISTOTLE

El **Diario del Cerebro Feliz**: La forma más poderosa de manifestar, sentirse motivado y mejorar la autoestima

*Comenzando Mi Dia*_____/_____/_____

Libera algo de espacio mental. Describe brevemente el pensamiento o factor estresante más fuerte que tienes en mente: etiqueta la emoción.

_____

_____

_____

Ubicación corporal: _____ Sensación corporal: _____

RVRR Parte 1: Tómate un minuto para realizar la parte 1 de la técnica RVRR. Ahora, establece un plan sobre cuándo, dónde y cómo liberarás tu bóveda más tarde hoy. *Escribe tu plan a continuación:*

_____

_____

_____

Visualiza sólo un aspecto de la vida de tus sueños: no planifiques ni pienses estrategias sobre cómo va a suceder. **Imaginate el resultado final**. Suaviza tu mirada o cierra los ojos y respira profundamente unas cuantas veces mientras imaginas y conectas con esta parte de tu vida ideal. **Tómate un minuto completo** para **disfrutar** de esta experiencia. ¿Cómo se ve y se siente esta parte de la vida de tus sueños? *Escribe las palabras "¿Que tal…?" y luego describe este aspecto específico de la vida de tus sueños.*

_____

_____

_____

_____

_____

Mira profundamente en ti mismo: mira y siente quién eres en verdad: tus valores, tu esencia, tus habilidades innatas y tu corazón. ¿Qué imágenes y cualidades representan tu verdadero yo? **Afirma** tu personalidad única. *Escribe las palabras que mejor te describen:*

_____

_____

_____

_____

Terminando Mi Día _____/_____/_____

Enumera Dos cosas que te salieron bien hoy. [Incluso las cosas más pequeñas son buenas para notar]

1._____

2._____

RVRR Parte 2: ¿Liberaste tu bóveda? ¿Cómo te fue? Escribe sobre ello aquí:
_____
_____
_____

Visualiza una persona, un lugar, animal o yo superior que te haga sentir seguro y amado: **imagina** y siente esta esencia. Suaviza tu mirada o cierra los ojos y respira profundamente unas cuantas veces mientras te conectas. **Siente** el contacto amoroso, afectuoso y seguro. Permítete **fundirte** en el abrazo más relajante y reconfortante. Permítete **quedarte aquí durante un minuto completo**. ¿Hay alguna **sensación** o algún **mensaje** que te llega? ¿**Dónde** lo sientes en tu cuerpo? *Escribe las palabras que mejor describen esta experiencia:*
_____
_____
_____
_____

Identifiqua una cosa por la que estes **agradecido** hoy: asegurate de que sea diferente de lo que identificaste ayer. [Incluso las cosas más pequeñas cuentan] Suaviza tu mirada/o cierra los ojos y respira profundamente unas cuantas veces mientras te **tomas un minuto completo** para **saborear** este sentimiento de gratitud. Escribe los detalles a continuación:
_____
_____
_____

Identifica una **necesidad** actual. Entra dentro de ti y pregúntate "¿qué necesito?" Escribe en tercera persona "tu nombre necesita":
_____
_____
_____

*Comenzando Mi Dia*_____/_____/_____

Libera algo de espacio mental. Describe brevemente el pensamiento o factor estresante más fuerte que tienes en mente: etiqueta la emoción.

_____
_____
_____

Ubicación corporal: _____ Sensación corporal: _____

RVRR Parte 1: Tómate un minuto para realizar la parte 1 de la técnica RVRR. Ahora, establece un plan sobre cuándo, dónde y cómo liberarás tu bóveda más tarde hoy. *Escribe tu plan a continuación:*

_____
_____
_____

Visualiza sólo un aspecto de la vida de tus sueños: no planifiques ni pienses estrategias sobre cómo va a suceder. **Imagínate el resultado final**. Suaviza tu mirada o cierra los ojos y respira profundamente unas cuantas veces mientras imaginas y conectas con esta parte de tu vida ideal. **Tómate un minuto completo** para **disfrutar** de esta experiencia. ¿Cómo se ve y se siente esta parte de la vida de tus sueños? *Escribe las palabras "¿Que tal...?" y luego describe este aspecto específico de la vida de tus sueños.*

_____
_____
_____
_____

Mira profundamente en ti mismo: mira y siente quién eres en verdad: tus valores, tu esencia, tus habilidades innatas y tu corazón. ¿Qué imágenes y cualidades representan tu verdadero yo? **Afirma** tu personalidad única. *Escribe las palabras que mejor te describen:*

_____
_____
_____
_____

Terminando Mi Día _____/_____/_____

Enumera Dos cosas que te salieron bien hoy. [Incluso las cosas más pequeñas son buenas para notar]

1._____

2._____

RVRR Parte 2: ¿Liberaste tu bóveda? ¿Cómo te fue? Escribe sobre ello aquí:
_____
_____
_____

Visualiza una persona, un lugar, animal o yo superior que te haga sentir seguro y amado: **imagina** y siente esta esencia. Suaviza tu mirada o cierra los ojos y respira profundamente unas cuantas veces mientras te conectas. **Siente** el contacto amoroso, afectuoso y seguro. Permítete **fundirte** en el abrazo más relajante y reconfortante. Permítete **quedarte aquí durante un minuto completo**. ¿Hay alguna **sensación** o algún **mensaje** que te llega? ¿**Dónde** lo sientes en tu cuerpo? *Escribe las palabras que mejor describen esta experiencia:*
_____
_____
_____

Identifiqua una cosa por la que estes **agradecido** hoy: asegurate de que sea diferente de lo que identificaste ayer. [Incluso las cosas más pequeñas cuentan] Suaviza tu mirada/o cierra los ojos y respira profundamente unas cuantas veces mientras te **tomas un minuto completo** para **saborear** este sentimiento de gratitud. Escribe los detalles a continuación:
_____
_____
_____

Identifica una **necesidad** actual. Entra dentro de ti y pregúntate "¿qué necesito?" Escribe en tercera persona "tu nombre necesita":
_____
_____

*Comenzando Mi Día*_____/_____/_____

Libera algo de espacio mental. Describe brevemente el pensamiento o factor estresante más fuerte que tienes en mente: etiqueta la emoción.

_____

_____

_____

Ubicación corporal: _____   Sensación corporal: _____

RVRR Parte 1: Tómate un minuto para realizar la parte 1 de la técnica RVRR. Ahora, establece un plan sobre cuándo, dónde y cómo liberarás tu bóveda más tarde hoy. *Escribe tu plan a continuación:*

_____

_____

_____

Visualiza sólo un aspecto de la vida de tus sueños: no planifiques ni pienses estrategias sobre cómo va a suceder. **Imagínate el resultado final.** Suaviza tu mirada o cierra los ojos y respira profundamente unas cuantas veces mientras imaginas y conectas con esta parte de tu vida ideal. **Tómate un minuto completo** para **disfrutar** de esta experiencia. ¿Cómo se ve y se siente esta parte de la vida de tus sueños? *Escribe las palabras "¿Que tal...?" y luego describe este aspecto específico de la vida de tus sueños.*

_____

_____

_____

_____

_____

Mira profundamente en ti mismo: mira y siente quién eres en verdad: tus valores, tu esencia, tus habilidades innatas y tu corazón. ¿Qué imágenes y cualidades representan tu verdadero yo? **Afirma** tu personalidad única. *Escribe las palabras que mejor te describen:*

_____

_____

_____

_____

Terminando Mi Día _____/_____/_____

Enumera Dos cosas que te salieron bien hoy. [Incluso las cosas más pequeñas son buenas para notar]

1._____

2._____

RVRR Parte 2: ¿Liberaste tu bóveda? ¿Cómo te fue? Escribe sobre ello aquí:
_____

_____

_____

Visualiza una persona, un lugar, animal o yo superior que te haga sentir seguro y amado: **imagina** y siente esta esencia. Suaviza tu mirada o cierra los ojos y respira profundamente unas cuantas veces mientras te conectas. **Siente** el contacto amoroso, afectuoso y seguro. Permítete **fundirte** en el abrazo más relajante y reconfortante. Permítete **quedarte aquí durante un minuto completo**. ¿Hay alguna **sensación** o algún **mensaje** que te llega? ¿**Dónde** lo sientes en tu cuerpo? *Escribe las palabras que mejor describen esta experiencia:*
_____

_____

_____

Identifiqua una cosa por la que estes **agradecido** hoy: asegurate de que sea diferente de lo que identificaste ayer. [Incluso las cosas más pequeñas cuentan] Suaviza tu mirada/o cierra los ojos y respira profundamente unas cuantas veces mientras te **tomas un minuto completo** para **saborear** este sentimiento de gratitud. Escribe los detalles a continuación:
_____

_____

_____

Identifica una **necesidad** actual. Entra dentro de ti y pregúntate "¿qué necesito?" Escribe en tercera persona "tu nombre necesita":
_____

_____

_____

*Comenzando Mi Dia*_____/_____/_____

Libera algo de espacio mental. Describe brevemente el pensamiento o factor estresante más fuerte que tienes en mente: etiqueta la emoción.

_____

_____

_____

Ubicación corporal: _____ Sensación corporal: _____

RVRR Parte 1: Tómate un minuto para realizar la parte 1 de la técnica RVRR. Ahora, establece un plan sobre cuándo, dónde y cómo liberarás tu bóveda más tarde hoy. *Escribe tu plan a continuación:*

_____

_____

_____

Visualiza sólo un aspecto de la vida de tus sueños: no planifiques ni pienses estrategias sobre cómo va a suceder. **Imagínate el resultado final.** Suaviza tu mirada o cierra los ojos y respira profundamente unas cuantas veces mientras imaginas y conectas con esta parte de tu vida ideal. **Tómate un minuto completo** para **disfrutar** de esta experiencia. ¿Cómo se ve y se siente esta parte de la vida de tus sueños? *Escribe las palabras "¿Que tal...?" y luego describe este aspecto específico de la vida de tus sueños.*

_____

_____

_____

_____

_____

Mira profundamente en ti mismo: mira y siente quién eres en verdad: tus valores, tu esencia, tus habilidades innatas y tu corazón. ¿Qué imágenes y cualidades representan tu verdadero yo? **Afirma** tu personalidad única. *Escribe las palabras que mejor te describen:*

_____

_____

_____

_____

Terminando Mi Día _____/_____/_____

Enumera Dos cosas que te salieron bien hoy. [Incluso las cosas más pequeñas son buenas para notar]

1._____

2._____

RVRR Parte 2: ¿Liberaste tu bóveda? ¿Cómo te fue? Escribe sobre ello aquí:
_____
_____
_____

Visualiza una persona, un lugar, animal o yo superior que te haga sentir seguro y amado: **imagina** y siente esta esencia. Suaviza tu mirada o cierra los ojos y respira profundamente unas cuantas veces mientras te conectas. **Siente** el contacto amoroso, afectuoso y seguro. Permítete **fundirte** en el abrazo más relajante y reconfortante. Permítete **quedarte aquí durante un minuto completo**. ¿Hay alguna **sensación** o algún **mensaje** que te llega? ¿**Dónde** lo sientes en tu cuerpo? *Escribe las palabras que mejor describen esta experiencia:*
_____
_____
_____
_____

Identifiqua una cosa por la que estes **agradecido** hoy: asegurate de que sea diferente de lo que identificaste ayer. [Incluso las cosas más pequeñas cuentan] Suaviza tu mirada/o cierra los ojos y respira profundamente unas cuantas veces mientras te **tomas un minuto completo** para **saborear** este sentimiento de gratitud. Escribe los detalles a continuación:
_____
_____
_____

Identifica una **necesidad** actual. Entra dentro de ti y pregúntate "¿qué necesito?" Escribe en tercera persona "tu nombre necesita":
_____
_____
_____

*Comenzando Mi Dia*_____/_____/_____

Libera algo de espacio mental. Describe brevemente el pensamiento o factor estresante más fuerte que tienes en mente: etiqueta la emoción.

_____

_____

_____

Ubicación corporal: _____ Sensación corporal: _____

RVRR Parte 1: Tómate un minuto para realizar la parte 1 de la técnica RVRR. Ahora, establece un plan sobre cuándo, dónde y cómo liberarás tu bóveda más tarde hoy. *Escribe tu plan a continuación:*

_____

_____

_____

Visualiza sólo un aspecto de la vida de tus sueños: no planifiques ni pienses estrategias sobre cómo va a suceder. **Imaginate el resultado final**. Suaviza tu mirada o cierra los ojos y respira profundamente unas cuantas veces mientras imaginas y conectas con esta parte de tu vida ideal. **Tómate un minuto completo** para **disfrutar** de esta experiencia. ¿Cómo se ve y se siente esta parte de la vida de tus sueños? *Escribe las palabras "¿Que tal...?" y luego describe este aspecto específico de la vida de tus sueños.*

_____

_____

_____

_____

_____

Mira profundamente en ti mismo: mira y siente quién eres en verdad: tus valores, tu esencia, tus habilidades innatas y tu corazón. ¿Qué imágenes y cualidades representan tu verdadero yo? **Afirma** tu personalidad única. *Escribe las palabras que mejor te describen:*

_____

_____

_____

_____

Terminando Mi Día _____/_____/_____

Enumera Dos cosas que te salieron bien hoy. [Incluso las cosas más pequeñas son buenas para notar]

1._____

2._____

RVRR Parte 2: ¿Liberaste tu bóveda? ¿Cómo te fue? Escribe sobre ello aquí:
_____
_____
_____

Visualiza una persona, un lugar, animal o yo superior que te haga sentir seguro y amado: **imagina** y siente esta esencia. Suaviza tu mirada o cierra los ojos y respira profundamente unas cuantas veces mientras te conectas. **Siente** el contacto amoroso, afectuoso y seguro. Permítete **fundirte** en el abrazo más relajante y reconfortante. Permítete **quedarte aquí durante un minuto completo**. ¿Hay alguna **sensación** o algún **mensaje** que te llega? ¿**Dónde** lo sientes en tu cuerpo? *Escribe las palabras que mejor describen esta experiencia:*
_____
_____
_____

Identifiqua una cosa por la que estes **agradecido** hoy: asegurate de que sea diferente de lo que identificaste ayer. [Incluso las cosas más pequeñas cuentan] Suaviza tu mirada/o cierra los ojos y respira profundamente unas cuantas veces mientras te **tomas un minuto completo** para **saborear** este sentimiento de gratitud. Escribe los detalles a continuación:
_____
_____
_____

Identifica una **necesidad** actual. Entra dentro de ti y pregúntate "¿qué necesito?" Escribe en tercera persona "tu nombre necesita":
_____
_____
_____

*Comenzando Mi Dia*_____/_____/_____

Libera algo de espacio mental. Describe brevemente el pensamiento o factor estresante más fuerte que tienes en mente: etiqueta la emoción.

_____

_____

_____

Ubicación corporal: _____ Sensación corporal: _____

RVRR Parte 1: Tómate un minuto para realizar la parte 1 de la técnica RVRR. Ahora, establece un plan sobre cuándo, dónde y cómo liberarás tu bóveda más tarde hoy. *Escribe tu plan a continuación:*

_____

_____

_____

Visualiza sólo un aspecto de la vida de tus sueños: no planifiques ni pienses estrategias sobre cómo va a suceder. **Imagínate el resultado final.** Suaviza tu mirada o cierra los ojos y respira profundamente unas cuantas veces mientras imaginas y conectas con esta parte de tu vida ideal. **Tómate un minuto completo** para **disfrutar** de esta experiencia. ¿Cómo se ve y se siente esta parte de la vida de tus sueños? *Escribe las palabras "¿Que tal...?" y luego describe este aspecto específico de la vida de tus sueños.*

_____

_____

_____

_____

_____

Mira profundamente en ti mismo: mira y siente quién eres en verdad: tus valores, tu esencia, tus habilidades innatas y tu corazón. ¿Qué imágenes y cualidades representan tu verdadero yo? **Afirma** tu personalidad única. *Escribe las palabras que mejor te describen:*

_____

_____

_____

_____

Terminando Mi Día _____/_____/_____

Enumera Dos cosas que te salieron bien hoy. [Incluso las cosas más pequeñas son buenas para notar]

1._____

2._____

RVRR Parte 2: ¿Liberaste tu bóveda? ¿Cómo te fue? Escribe sobre ello aquí:
_____
_____
_____

Visualiza una persona, un lugar, animal o yo superior que te haga sentir seguro y amado: **imagina** y siente esta esencia. Suaviza tu mirada o cierra los ojos y respira profundamente unas cuantas veces mientras te conectas. **Siente** el contacto amoroso, afectuoso y seguro. Permítete **fundirte** en el abrazo más relajante y reconfortante. Permítete **quedarte aquí durante un minuto completo**. ¿Hay alguna **sensación** o algún **mensaje** que te llega? ¿**Dónde** lo sientes en tu cuerpo? *Escribe las palabras que mejor describen esta experiencia:*
_____
_____
_____

Identifiqua una cosa por la que estes **agradecido** hoy: asegurate de que sea diferente de lo que identificaste ayer. [Incluso las cosas más pequeñas cuentan] Suaviza tu mirada/o cierra los ojos y respira profundamente unas cuantas veces mientras te **tomas un minuto completo** para **saborear** este sentimiento de gratitud. Escribe los detalles a continuación:
_____
_____
_____

Identifica una **necesidad** actual. Entra dentro de ti y pregúntate "¿qué necesito?" Escribe en tercera persona "tu nombre necesita":
_____
_____
_____

*Comenzando Mi Dia*_____/_____/_____

Libera algo de espacio mental. Describe brevemente el pensamiento o factor estresante más fuerte que tienes en mente: etiqueta la emoción.

_____

_____

Ubicación corporal: _____ Sensación corporal: _____

RVRR Parte 1: Tómate un minuto para realizar la parte 1 de la técnica RVRR. Ahora, establece un plan sobre cuándo, dónde y cómo liberarás tu bóveda más tarde hoy. *Escribe tu plan a continuación:*

_____

_____

Visualiza sólo un aspecto de la vida de tus sueños: no planifiques ni pienses estrategias sobre cómo va a suceder. **Imaginate el resultado final.** Suaviza tu mirada o cierra los ojos y respira profundamente unas cuantas veces mientras imaginas y conectas con esta parte de tu vida ideal. **Tómate un minuto completo** para **disfrutar** de esta experiencia. ¿Cómo se ve y se siente esta parte de la vida de tus sueños? *Escribe las palabras "¿Que tal...?" y luego describe este aspecto específico de la vida de tus sueños.*

_____

_____

_____

_____

Mira profundamente en ti mismo: mira y siente quién eres en verdad: tus valores, tu esencia, tus habilidades innatas y tu corazón. ¿Qué imágenes y cualidades representan tu verdadero yo? **Afirma** tu personalidad única. *Escribe las palabras que mejor te describen:*

_____

_____

_____

Terminando Mi Día _____/_____/_____

Enumera Dos cosas que te salieron bien hoy. [Incluso las cosas más pequeñas son buenas para notar]

1._____

2._____

RVRR Parte 2: ¿Liberaste tu bóveda? ¿Cómo te fue? Escribe sobre ello aquí:
_____
_____
_____

Visualiza una persona, un lugar, animal o yo superior que te haga sentir seguro y amado: **imagina** y siente esta esencia. Suaviza tu mirada o cierra los ojos y respira profundamente unas cuantas veces mientras te conectas. **Siente** el contacto amoroso, afectuoso y seguro. Permítete **fundirte** en el abrazo más relajante y reconfortante. Permítete **quedarte aquí durante un minuto completo**. ¿Hay alguna **sensación** o algún **mensaje** que te llega? ¿**Dónde** lo sientes en tu cuerpo? *Escribe las palabras que mejor describen esta experiencia:*
_____
_____
_____
_____

Identifiqua una cosa por la que estes **agradecido** hoy: asegurate de que sea diferente de lo que identificaste ayer. [Incluso las cosas más pequeñas cuentan] Suaviza tu mirada/o cierra los ojos y respira profundamente unas cuantas veces mientras te **tomas un minuto completo** para **saborear** este sentimiento de gratitud. Escribe los detalles a continuación:
_____
_____
_____

Identifica una **necesidad** actual. Entra dentro de ti y pregúntate "¿qué necesito?" Escribe en tercera persona "tu nombre necesita":
_____
_____
_____

*Comenzando Mi Dia*_____/_____/_____

Libera algo de espacio mental. Describe brevemente el pensamiento o factor estresante más fuerte que tienes en mente: etiqueta la emoción.

_____

_____

_____

Ubicación corporal: _____ Sensación corporal: _____

RVRR Parte 1: Tómate un minuto para realizar la parte 1 de la técnica RVRR. Ahora, establece un plan sobre cuándo, dónde y cómo liberarás tu bóveda más tarde hoy. *Escribe tu plan a continuación:*

_____

_____

_____

Visualiza sólo un aspecto de la vida de tus sueños: no planifiques ni pienses estrategias sobre cómo va a suceder. **Imaginate el resultado final**. Suaviza tu mirada o cierra los ojos y respira profundamente unas cuantas veces mientras imaginas y conectas con esta parte de tu vida ideal. **Tómate un minuto completo** para **disfrutar** de esta experiencia. ¿Cómo se ve y se siente esta parte de la vida de tus sueños? *Escribe las palabras "¿Que tal...?" y luego describe este aspecto específico de la vida de tus sueños.*

_____

_____

_____

_____

_____

Mira profundamente en ti mismo: mira y siente quién eres en verdad: tus valores, tu esencia, tus habilidades innatas y tu corazón. ¿Qué imágenes y cualidades representan tu verdadero yo? **Afirma** tu personalidad única. *Escribe las palabras que mejor te describen:*

_____

_____

_____

_____

Terminando Mi Día _____/_____/_____

Enumera Dos cosas que te salieron bien hoy. [Incluso las cosas más pequeñas son buenas para notar]

1._____

2._____

RVRR Parte 2: ¿Liberaste tu bóveda? ¿Cómo te fue? Escribe sobre ello aquí:
_____
_____
_____

Visualiza una persona, un lugar, animal o yo superior que te haga sentir seguro y amado: **imagina** y siente esta esencia. Suaviza tu mirada o cierra los ojos y respira profundamente unas cuantas veces mientras te conectas. **Siente** el contacto amoroso, afectuoso y seguro. Permítete **fundirte** en el abrazo más relajante y reconfortante. Permítete **quedarte aquí durante un minuto completo**. ¿Hay alguna **sensación** o algún **mensaje** que te llega? ¿**Dónde** lo sientes en tu cuerpo? *Escribe las palabras que mejor describen esta experiencia:*
_____
_____
_____

Identifiqua una cosa por la que estes **agradecido** hoy: asegurate de que sea diferente de lo que identificaste ayer. [Incluso las cosas más pequeñas cuentan] Suaviza tu mirada/o cierra los ojos y respira profundamente unas cuantas veces mientras te **tomas un minuto completo** para **saborear** este sentimiento de gratitud. Escribe los detalles a continuación:
_____
_____
_____

Identifica una **necesidad** actual. Entra dentro de ti y pregúntate "¿qué necesito?" Escribe en tercera persona "tu nombre necesita":
_____
_____
_____

*Comenzando Mi Dia*_____/_____/_____

Libera algo de espacio mental. Describe brevemente el pensamiento o factor estresante más fuerte que tienes en mente: etiqueta la emoción.

_____
_____
_____

Ubicación corporal: _____   Sensación corporal: _____

RVRR Parte 1: Tómate un minuto para realizar la parte 1 de la técnica RVRR. Ahora, establece un plan sobre cuándo, dónde y cómo liberarás tu bóveda más tarde hoy. *Escribe tu plan a continuación:*

_____
_____
_____

Visualiza sólo un aspecto de la vida de tus sueños: no planifiques ni pienses estrategias sobre cómo va a suceder. **Imagínate el resultado final.** Suaviza tu mirada o cierra los ojos y respira profundamente unas cuantas veces mientras imaginas y conectas con esta parte de tu vida ideal. **Tómate un minuto completo** para **disfrutar** de esta experiencia. ¿Cómo se ve y se siente esta parte de la vida de tus sueños? *Escribe las palabras "¿Que tal...?" y luego describe este aspecto específico de la vida de tus sueños.*

_____
_____
_____
_____
_____

Mira profundamente en ti mismo: mira y siente quién eres en verdad: tus valores, tu esencia, tus habilidades innatas y tu corazón. ¿Qué imágenes y cualidades representan tu verdadero yo? **Afirma** tu personalidad única. *Escribe las palabras que mejor te describen:*

_____
_____
_____
_____

Terminando Mi Día _____/_____/_____

Enumera Dos cosas que te salieron bien hoy. [Incluso las cosas más pequeñas son buenas para notar]

1._____
2._____

RVRR Parte 2: ¿Liberaste tu bóveda? ¿Cómo te fue? Escribe sobre ello aquí:
_____
_____
_____

Visualiza una persona, un lugar, animal o yo superior que te haga sentir seguro y amado: **imagina** y siente esta esencia. Suaviza tu mirada o cierra los ojos y respira profundamente unas cuantas veces mientras te conectas. **Siente** el contacto amoroso, afectuoso y seguro. Permítete **fundirte** en el abrazo más relajante y reconfortante. Permítete **quedarte aquí durante un minuto completo**. ¿Hay alguna **sensación** o algún **mensaje** que te llega? ¿**Dónde** lo sientes en tu cuerpo? *Escribe las palabras que mejor describen esta experiencia:*
_____
_____
_____

Identifiqua una cosa por la que estes **agradecido** hoy: asegurate de que sea diferente de lo que identificaste ayer. [Incluso las cosas más pequeñas cuentan] Suaviza tu mirada/o cierra los ojos y respira profundamente unas cuantas veces mientras te **tomas un minuto completo** para **saborear** este sentimiento de gratitud. Escribe los detalles a continuación:
_____
_____
_____

Identifica una **necesidad** actual. Entra dentro de ti y pregúntate "¿qué necesito?" Escribe en tercera persona "tu nombre necesita":
_____
_____
_____

*Comenzando Mi Dia*_____/_____/_____

Libera algo de espacio mental. Describe brevemente el pensamiento o factor estresante más fuerte que tienes en mente: etiqueta la emoción.

_____

_____

_____

Ubicación corporal: _____ Sensación corporal: _____

RVRR Parte 1: Tómate un minuto para realizar la parte 1 de la técnica RVRR. Ahora, establece un plan sobre cuándo, dónde y cómo liberarás tu bóveda más tarde hoy. *Escribe tu plan a continuación:*

_____

_____

_____

Visualiza sólo un aspecto de la vida de tus sueños: no planifiques ni pienses estrategias sobre cómo va a suceder. **Imagínate el resultado final.** Suaviza tu mirada o cierra los ojos y respira profundamente unas cuantas veces mientras imaginas y conectas con esta parte de tu vida ideal. **Tómate un minuto completo** para **disfrutar** de esta experiencia. ¿Cómo se ve y se siente esta parte de la vida de tus sueños? *Escribe las palabras "¿Que tal...?" y luego describe este aspecto específico de la vida de tus sueños.*

_____

_____

_____

_____

_____

Mira profundamente en ti mismo: mira y siente quién eres en verdad: tus valores, tu esencia, tus habilidades innatas y tu corazón. ¿Qué imágenes y cualidades representan tu verdadero yo? **Afirma** tu personalidad única. *Escribe las palabras que mejor te describen:*

_____

_____

_____

_____

Terminando Mi Día _____/_____/_____

Enumera Dos cosas que te salieron bien hoy. [Incluso las cosas más pequeñas son buenas para notar]

1._____

2._____

RVRR Parte 2: ¿Liberaste tu bóveda? ¿Cómo te fue? Escribe sobre ello aquí:
_____
_____
_____

Visualiza una persona, un lugar, animal o yo superior que te haga sentir seguro y amado: **imagina** y siente esta esencia. Suaviza tu mirada o cierra los ojos y respira profundamente unas cuantas veces mientras te conectas. **Siente** el contacto amoroso, afectuoso y seguro. Permítete **fundirte** en el abrazo más relajante y reconfortante. Permítete **quedarte aquí durante un minuto completo**. ¿Hay alguna **sensación** o algún **mensaje** que te llega? ¿**Dónde** lo sientes en tu cuerpo? *Escribe las palabras que mejor describen esta experiencia:*
_____
_____
_____
_____

Identifiqua una cosa por la que estes **agradecido** hoy: asegurate de que sea diferente de lo que identificaste ayer. [Incluso las cosas más pequeñas cuentan] Suaviza tu mirada/o cierra los ojos y respira profundamente unas cuantas veces mientras te **tomas un minuto completo** para **saborear** este sentimiento de gratitud. Escribe los detalles a continuación:
_____
_____
_____

Identifica una **necesidad** actual. Entra dentro de ti y pregúntate "¿qué necesito?" Escribe en tercera persona "tu nombre necesita":
_____
_____
_____

*Comenzando Mi Dia*_____/_____/_____

Libera algo de espacio mental. Describe brevemente el pensamiento o factor estresante más fuerte que tienes en mente: etiqueta la emoción.

_____

_____

_____

Ubicación corporal: _____   Sensación corporal: _____

RVRR Parte 1: Tómate un minuto para realizar la parte 1 de la técnica RVRR. Ahora, establece un plan sobre cuándo, dónde y cómo liberarás tu bóveda más tarde hoy. *Escribe tu plan a continuación:*

_____

_____

_____

Visualiza sólo un aspecto de la vida de tus sueños: no planifiques ni pienses estrategias sobre cómo va a suceder. **Imagínate el resultado final.** Suaviza tu mirada o cierra los ojos y respira profundamente unas cuantas veces mientras imaginas y conectas con esta parte de tu vida ideal. **Tómate un minuto completo** para **disfrutar** de esta experiencia. ¿Cómo se ve y se siente esta parte de la vida de tus sueños? *Escribe las palabras "¿Que tal...?" y luego describe este aspecto específico de la vida de tus sueños.*

_____

_____

_____

_____

Mira profundamente en ti mismo: mira y siente quién eres en verdad: tus valores, tu esencia, tus habilidades innatas y tu corazón. ¿Qué imágenes y cualidades representan tu verdadero yo? **Afirma** tu personalidad única. *Escribe las palabras que mejor te describen:*

_____

_____

_____

_____

Terminando Mi Día _____/_____/_____

Enumera Dos cosas que te salieron bien hoy. [Incluso las cosas más pequeñas son buenas para notar]

1._____

2._____

RVRR Parte 2: ¿Liberaste tu bóveda? ¿Cómo te fue? Escribe sobre ello aquí:
_____
_____
_____

Visualiza una persona, un lugar, animal o yo superior que te haga sentir seguro y amado: **imagina** y siente esta esencia. Suaviza tu mirada o cierra los ojos y respira profundamente unas cuantas veces mientras te conectas. **Siente** el contacto amoroso, afectuoso y seguro. Permítete **fundirte** en el abrazo más relajante y reconfortante. Permítete **quedarte aquí durante un minuto completo**. ¿Hay alguna **sensación** o algún **mensaje** que te llega? ¿**Dónde** lo sientes en tu cuerpo? *Escribe las palabras que mejor describen esta experiencia:*
_____
_____
_____

Identifiqua una cosa por la que estes **agradecido** hoy: asegurate de que sea diferente de lo que identificaste ayer. [Incluso las cosas más pequeñas cuentan] Suaviza tu mirada/o cierra los ojos y respira profundamente unas cuantas veces mientras te **tomas un minuto completo** para **saborear** este sentimiento de gratitud. Escribe los detalles a continuación:
_____
_____
_____

Identifica una **necesidad** actual. Entra dentro de ti y pregúntate "¿qué necesito?" Escribe en tercera persona "tu nombre necesita":
_____
_____
_____

*Comenzando Mi Día*_____/_____/_____

Libera algo de espacio mental. Describe brevemente el pensamiento o factor estresante más fuerte que tienes en mente: etiqueta la emoción.

_____

_____

_____

Ubicación corporal: _____ Sensación corporal: _____

RVRR Parte 1: Tómate un minuto para realizar la parte 1 de la técnica RVRR. Ahora, establece un plan sobre cuándo, dónde y cómo liberarás tu bóveda más tarde hoy. *Escribe tu plan a continuación:*

_____

_____

_____

Visualiza sólo un aspecto de la vida de tus sueños: no planifiques ni pienses estrategias sobre cómo va a suceder. **Imagínate el resultado final.** Suaviza tu mirada o cierra los ojos y respira profundamente unas cuantas veces mientras imaginas y conectas con esta parte de tu vida ideal. **Tómate un minuto completo** para **disfrutar** de esta experiencia. ¿Cómo se ve y se siente esta parte de la vida de tus sueños? *Escribe las palabras "¿Que tal...?" y luego describe este aspecto específico de la vida de tus sueños.*

_____

_____

_____

_____

_____

Mira profundamente en ti mismo: mira y siente quién eres en verdad: tus valores, tu esencia, tus habilidades innatas y tu corazón. ¿Qué imágenes y cualidades representan tu verdadero yo? **Afirma** tu personalidad única. *Escribe las palabras que mejor te describen:*

_____

_____

_____

_____

Terminando Mi Día _____/_____/_____

Enumera Dos cosas que te salieron bien hoy. [Incluso las cosas más pequeñas son buenas para notar]

1._____

2._____

RVRR Parte 2: ¿Liberaste tu bóveda? ¿Cómo te fue? Escribe sobre ello aquí:
_____
_____
_____

Visualiza una persona, un lugar, animal o yo superior que te haga sentir seguro y amado: **imagina** y siente esta esencia. Suaviza tu mirada o cierra los ojos y respira profundamente unas cuantas veces mientras te conectas. **Siente** el contacto amoroso, afectuoso y seguro. Permítete **fundirte** en el abrazo más relajante y reconfortante. Permítete **quedarte aquí durante un minuto completo**. ¿Hay alguna **sensación** o algún **mensaje** que te llega? ¿**Dónde** lo sientes en tu cuerpo? *Escribe las palabras que mejor describen esta experiencia:*
_____
_____
_____

Identifiqua una cosa por la que estes **agradecido** hoy: asegurate de que sea diferente de lo que identificaste ayer. [Incluso las cosas más pequeñas cuentan] Suaviza tu mirada/o cierra los ojos y respira profundamente unas cuantas veces mientras te **tomas un minuto completo** para **saborear** este sentimiento de gratitud. Escribe los detalles a continuación:
_____
_____
_____

Identifica una **necesidad** actual. Entra dentro de ti y pregúntate "¿qué necesito?" Escribe en tercera persona "tu nombre necesita":
_____
_____

*Comenzando Mi Dia*_____/_____/_____

Libera algo de espacio mental. Describe brevemente el pensamiento o factor estresante más fuerte que tienes en mente: etiqueta la emoción.

_____

_____

_____

Ubicación corporal: _____   Sensación corporal: _____

RVRR Parte 1: Tómate un minuto para realizar la parte 1 de la técnica RVRR. Ahora, establece un plan sobre cuándo, dónde y cómo liberarás tu bóveda más tarde hoy. *Escribe tu plan a continuación:*

_____

_____

_____

Visualiza sólo un aspecto de la vida de tus sueños: no planifiques ni pienses estrategias sobre cómo va a suceder. **Imaginate el resultado final.** Suaviza tu mirada o cierra los ojos y respira profundamente unas cuantas veces mientras imaginas y conectas con esta parte de tu vida ideal. **Tómate un minuto completo** para **disfrutar** de esta experiencia. ¿Cómo se ve y se siente esta parte de la vida de tus sueños? *Escribe las palabras "¿Que tal...?" y luego describe este aspecto específico de la vida de tus sueños.*

_____

_____

_____

_____

_____

Mira profundamente en ti mismo: mira y siente quién eres en verdad: tus valores, tu esencia, tus habilidades innatas y tu corazón. ¿Qué imágenes y cualidades representan tu verdadero yo? **Afirma** tu personalidad única. *Escribe las palabras que mejor te describen:*

_____

_____

_____

_____

Terminando Mi Día _____/_____/_____

Enumera Dos cosas que te salieron bien hoy. [Incluso las cosas más pequeñas son buenas para notar]

1._____

2._____

RVRR Parte 2: ¿Liberaste tu bóveda? ¿Cómo te fue? Escribe sobre ello aquí:
_____
_____
_____

Visualiza una persona, un lugar, animal o yo superior que te haga sentir seguro y amado: **imagina** y siente esta esencia. Suaviza tu mirada o cierra los ojos y respira profundamente unas cuantas veces mientras te conectas. **Siente** el contacto amoroso, afectuoso y seguro. Permítete **fundirte** en el abrazo más relajante y reconfortante. Permítete **quedarte aquí durante un minuto completo**. ¿Hay alguna **sensación** o algún **mensaje** que te llega? ¿**Dónde** lo sientes en tu cuerpo? *Escribe las palabras que mejor describen esta experiencia:*
_____
_____
_____

Identifiqua una cosa por la que estes **agradecido** hoy: asegurate de que sea diferente de lo que identificaste ayer. [Incluso las cosas más pequeñas cuentan] Suaviza tu mirada/o cierra los ojos y respira profundamente unas cuantas veces mientras te **tomas un minuto completo** para **saborear** este sentimiento de gratitud. Escribe los detalles a continuación:
_____
_____
_____

Identifica una **necesidad** actual. Entra dentro de ti y pregúntate "¿qué necesito?" Escribe en tercera persona "tu nombre necesita":
_____
_____

*Comenzando Mi Dia*_____/_____/_____

Libera algo de espacio mental. Describe brevemente el pensamiento o factor estresante más fuerte que tienes en mente: etiqueta la emoción.

_____

_____

_____

Ubicación corporal: _____   Sensación corporal: _____

RVRR Parte 1: Tómate un minuto para realizar la parte 1 de la técnica RVRR. Ahora, establece un plan sobre cuándo, dónde y cómo liberarás tu bóveda más tarde hoy. *Escribe tu plan a continuación:*

_____

_____

_____

Visualiza sólo un aspecto de la vida de tus sueños: no planifiques ni pienses estrategias sobre cómo va a suceder. **Imagínate el resultado final**. Suaviza tu mirada o cierra los ojos y respira profundamente unas cuantas veces mientras imaginas y conectas con esta parte de tu vida ideal. **Tómate un minuto completo** para **disfrutar** de esta experiencia. ¿Cómo se ve y se siente esta parte de la vida de tus sueños? *Escribe las palabras "¿Que tal...?" y luego describe este aspecto específico de la vida de tus sueños.*

_____

_____

_____

_____

_____

Mira profundamente en ti mismo: mira y siente quién eres en verdad: tus valores, tu esencia, tus habilidades innatas y tu corazón. ¿Qué imágenes y cualidades representan tu verdadero yo? **Afirma** tu personalidad única. *Escribe las palabras que mejor te describen:*

_____

_____

_____

_____

Terminando Mi Día _____/_____/_____

Enumera Dos cosas que te salieron bien hoy. [Incluso las cosas más pequeñas son buenas para notar]

1._____

2._____

RVRR Parte 2: ¿Liberaste tu bóveda? ¿Cómo te fue? Escribe sobre ello aquí:
_____

_____

_____

Visualiza una persona, un lugar, animal o yo superior que te haga sentir seguro y amado: **imagina** y siente esta esencia. Suaviza tu mirada o cierra los ojos y respira profundamente unas cuantas veces mientras te conectas. **Siente** el contacto amoroso, afectuoso y seguro. Permítete **fundirte** en el abrazo más relajante y reconfortante. Permítete **quedarte aquí durante un minuto completo**. ¿Hay alguna **sensación** o algún **mensaje** que te llega? ¿**Dónde** lo sientes en tu cuerpo? *Escribe las palabras que mejor describen esta experiencia:*
_____

_____

_____

Identifiqua una cosa por la que estes **agradecido** hoy: asegurate de que sea diferente de lo que identificaste ayer. [Incluso las cosas más pequeñas cuentan] Suaviza tu mirada/o cierra los ojos y respira profundamente unas cuantas veces mientras te **tomas un minuto completo** para **saborear** este sentimiento de gratitud. Escribe los detalles a continuación:
_____

_____

_____

Identifica una **necesidad** actual. Entra dentro de ti y pregúntate "¿qué necesito?" Escribe en tercera persona "tu nombre necesita":
_____

_____

*Comenzando Mi Dia*_____/_____/_____

Libera algo de espacio mental. Describe brevemente el pensamiento o factor estresante más fuerte que tienes en mente: etiqueta la emoción.

_____
_____
_____

Ubicación corporal: _____ Sensación corporal: _____

RVRR Parte 1: Tómate un minuto para realizar la parte 1 de la técnica RVRR. Ahora, establece un plan sobre cuándo, dónde y cómo liberarás tu bóveda más tarde hoy. *Escribe tu plan a continuación:*

_____
_____
_____

Visualiza sólo un aspecto de la vida de tus sueños: no planifiques ni pienses estrategias sobre cómo va a suceder. **Imagínate el resultado final**. Suaviza tu mirada o cierra los ojos y respira profundamente unas cuantas veces mientras imaginas y conectas con esta parte de tu vida ideal. **Tómate un minuto completo** para **disfrutar** de esta experiencia. ¿Cómo se ve y se siente esta parte de la vida de tus sueños? *Escribe las palabras "¿Que tal…?" y luego describe este aspecto específico de la vida de tus sueños.*

_____
_____
_____
_____
_____

Mira profundamente en ti mismo: mira y siente quién eres en verdad: tus valores, tu esencia, tus habilidades innatas y tu corazón. ¿Qué imágenes y cualidades representan tu verdadero yo? **Afirma** tu personalidad única. *Escribe las palabras que mejor te describen:*

_____
_____
_____
_____

Terminando Mi Día _____/_____/_____

Enumera Dos cosas que te salieron bien hoy. [Incluso las cosas más pequeñas son buenas para notar]

1._____

2._____

RVRR Parte 2: ¿Liberaste tu bóveda? ¿Cómo te fue? Escribe sobre ello aquí:
_____
_____
_____

Visualiza una persona, un lugar, animal o yo superior que te haga sentir seguro y amado: **imagina** y siente esta esencia. Suaviza tu mirada o cierra los ojos y respira profundamente unas cuantas veces mientras te conectas. **Siente** el contacto amoroso, afectuoso y seguro. Permítete **fundirte** en el abrazo más relajante y reconfortante. Permítete **quedarte aquí durante un minuto completo**. ¿Hay alguna **sensación** o algún **mensaje** que te llega? ¿**Dónde** lo sientes en tu cuerpo? *Escribe las palabras que mejor describen esta experiencia:*
_____
_____
_____

Identifiqua una cosa por la que estes **agradecido** hoy: asegurate de que sea diferente de lo que identificaste ayer. [Incluso las cosas más pequeñas cuentan] Suaviza tu mirada/o cierra los ojos y respira profundamente unas cuantas veces mientras te **tomas un minuto completo** para **saborear** este sentimiento de gratitud. Escribe los detalles a continuación:
_____
_____
_____

Identifica una **necesidad** actual. Entra dentro de ti y pregúntate "¿qué necesito?" Escribe en tercera persona "tu nombre necesita":
_____
_____
_____

*Comenzando Mi Dia*_____/_____/_____

Libera algo de espacio mental. Describe brevemente el pensamiento o factor estresante más fuerte que tienes en mente: etiqueta la emoción.

_____

_____

_____

Ubicación corporal: _____ Sensación corporal: _____

RVRR Parte 1: Tómate un minuto para realizar la parte 1 de la técnica RVRR. Ahora, establece un plan sobre cuándo, dónde y cómo liberarás tu bóveda más tarde hoy. *Escribe tu plan a continuación:*

_____

_____

_____

Visualiza sólo un aspecto de la vida de tus sueños: no planifiques ni pienses estrategias sobre cómo va a suceder. **Imaginate el resultado final.** Suaviza tu mirada o cierra los ojos y respira profundamente unas cuantas veces mientras imaginas y conectas con esta parte de tu vida ideal. **Tómate un minuto completo** para **disfrutar** de esta experiencia. ¿Cómo se ve y se siente esta parte de la vida de tus sueños? *Escribe las palabras "¿Que tal...?" y luego describe este aspecto específico de la vida de tus sueños.*

_____

_____

_____

_____

_____

Mira profundamente en ti mismo: mira y siente quién eres en verdad: tus valores, tu esencia, tus habilidades innatas y tu corazón. ¿Qué imágenes y cualidades representan tu verdadero yo? **Afirma** tu personalidad única. *Escribe las palabras que mejor te describen:*

_____

_____

_____

_____

Terminando Mi Día _____/_____/_____

Enumera Dos cosas que te salieron bien hoy. [Incluso las cosas más pequeñas son buenas para notar]

1._____

2._____

RVRR Parte 2: ¿Liberaste tu bóveda? ¿Cómo te fue? Escribe sobre ello aquí:
_____
_____
_____

Visualiza una persona, un lugar, animal o yo superior que te haga sentir seguro y amado: **imagina** y siente esta esencia. Suaviza tu mirada o cierra los ojos y respira profundamente unas cuantas veces mientras te conectas. **Siente** el contacto amoroso, afectuoso y seguro. Permítete **fundirte** en el abrazo más relajante y reconfortante. Permítete **quedarte aquí durante un minuto completo**. ¿Hay alguna **sensación** o algún **mensaje** que te llega? ¿**Dónde** lo sientes en tu cuerpo? *Escribe las palabras que mejor describen esta experiencia:*
_____
_____
_____

Identifiqua una cosa por la que estes **agradecido** hoy: asegurate de que sea diferente de lo que identificaste ayer. [Incluso las cosas más pequeñas cuentan] Suaviza tu mirada/o cierra los ojos y respira profundamente unas cuantas veces mientras te **tomas un minuto completo** para **saborear** este sentimiento de gratitud. Escribe los detalles a continuación:
_____
_____
_____

Identifica una **necesidad** actual. Entra dentro de ti y pregúntate "¿qué necesito?" Escribe en tercera persona "tu nombre necesita":
_____
_____
_____

*Comenzando Mi Dia*_____/_____/_____

Libera algo de espacio mental. Describe brevemente el pensamiento o factor estresante más fuerte que tienes en mente: etiqueta la emoción.

_____

_____

_____

Ubicación corporal: _____   Sensación corporal: _____

RVRR Parte 1: Tómate un minuto para realizar la parte 1 de la técnica RVRR. Ahora, establece un plan sobre cuándo, dónde y cómo liberarás tu bóveda más tarde hoy. *Escribe tu plan a continuación:*

_____

_____

_____

Visualiza sólo un aspecto de la vida de tus sueños: no planifiques ni pienses estrategias sobre cómo va a suceder. **Imaginate el resultado final.** Suaviza tu mirada o cierra los ojos y respira profundamente unas cuantas veces mientras imaginas y conectas con esta parte de tu vida ideal. **Tómate un minuto completo** para **disfrutar** de esta experiencia. ¿Cómo se ve y se siente esta parte de la vida de tus sueños? *Escribe las palabras "¿Que tal...?" y luego describe este aspecto específico de la vida de tus sueños.*

_____

_____

_____

_____

_____

Mira profundamente en ti mismo: mira y siente quién eres en verdad: tus valores, tu esencia, tus habilidades innatas y tu corazón. ¿Qué imágenes y cualidades representan tu verdadero yo? **Afirma** tu personalidad única. *Escribe las palabras que mejor te describen:*

_____

_____

_____

_____

Terminando Mi Día _____/_____/_____

Enumera Dos cosas que te salieron bien hoy. [Incluso las cosas más pequeñas son buenas para notar]

1._____

2._____

RVRR Parte 2: ¿Liberaste tu bóveda? ¿Cómo te fue? Escribe sobre ello aquí:
_____
_____
_____

Visualiza una persona, un lugar, animal o yo superior que te haga sentir seguro y amado: **imagina** y siente esta esencia. Suaviza tu mirada o cierra los ojos y respira profundamente unas cuantas veces mientras te conectas. **Siente** el contacto amoroso, afectuoso y seguro. Permítete **fundirte** en el abrazo más relajante y reconfortante. Permítete **quedarte aquí durante un minuto completo**. ¿Hay alguna **sensación** o algún **mensaje** que te llega? ¿**Dónde** lo sientes en tu cuerpo? *Escribe las palabras que mejor describen esta experiencia:*
_____
_____
_____
_____

Identifiqua una cosa por la que estes **agradecido** hoy: asegurate de que sea diferente de lo que identificaste ayer. [Incluso las cosas más pequeñas cuentan] Suaviza tu mirada/o cierra los ojos y respira profundamente unas cuantas veces mientras te **tomas un minuto completo** para **saborear** este sentimiento de gratitud. Escribe los detalles a continuación:
_____
_____
_____

Identifica una **necesidad** actual. Entra dentro de ti y pregúntate "¿qué necesito?" Escribe en tercera persona "tu nombre necesita":
_____
_____
_____

*Comenzando Mi Dia*_____/_____/_____

Libera algo de espacio mental. Describe brevemente el pensamiento o factor estresante más fuerte que tienes en mente: etiqueta la emoción.

_____

_____

_____

Ubicación corporal: _____   Sensación corporal: _____

RVRR Parte 1: Tómate un minuto para realizar la parte 1 de la técnica RVRR. Ahora, establece un plan sobre cuándo, dónde y cómo liberarás tu bóveda más tarde hoy. *Escribe tu plan a continuación:*

_____

_____

_____

Visualiza sólo un aspecto de la vida de tus sueños: no planifiques ni pienses estrategias sobre cómo va a suceder. **Imagínate el resultado final.** Suaviza tu mirada o cierra los ojos y respira profundamente unas cuantas veces mientras imaginas y conectas con esta parte de tu vida ideal. **Tómate un minuto completo** para **disfrutar** de esta experiencia. ¿Cómo se ve y se siente esta parte de la vida de tus sueños? *Escribe las palabras "¿Que tal...?" y luego describe este aspecto específico de la vida de tus sueños.*

_____

_____

_____

_____

_____

Mira profundamente en ti mismo: mira y siente quién eres en verdad: tus valores, tu esencia, tus habilidades innatas y tu corazón. ¿Qué imágenes y cualidades representan tu verdadero yo? **Afirma** tu personalidad única. *Escribe las palabras que mejor te describen:*

_____

_____

_____

_____

Terminando Mi Día _____/_____/_____

Enumera Dos cosas que te salieron bien hoy. [Incluso las cosas más pequeñas son buenas para notar]

1._____

2._____

RVRR Parte 2: ¿Liberaste tu bóveda? ¿Cómo te fue? Escribe sobre ello aquí:
_____
_____
_____

Visualiza una persona, un lugar, animal o yo superior que te haga sentir seguro y amado: **imagina** y siente esta esencia. Suaviza tu mirada o cierra los ojos y respira profundamente unas cuantas veces mientras te conectas. **Siente** el contacto amoroso, afectuoso y seguro. Permítete **fundirte** en el abrazo más relajante y reconfortante. Permítete **quedarte aquí durante un minuto completo**. ¿Hay alguna **sensación** o algún **mensaje** que te llega? ¿**Dónde** lo sientes en tu cuerpo? *Escribe las palabras que mejor describen esta experiencia:*
_____
_____
_____

Identifiqua una cosa por la que estes **agradecido** hoy: asegurate de que sea diferente de lo que identificaste ayer. [Incluso las cosas más pequeñas cuentan] Suaviza tu mirada/o cierra los ojos y respira profundamente unas cuantas veces mientras te **tomas un minuto completo** para **saborear** este sentimiento de gratitud. Escribe los detalles a continuación:
_____
_____
_____

Identifica una **necesidad** actual. Entra dentro de ti y pregúntate "¿qué necesito?" Escribe en tercera persona "tu nombre necesita":
_____
_____

*Comenzando Mi Dia*_____/_____/_____

Libera algo de espacio mental. Describe brevemente el pensamiento o factor estresante más fuerte que tienes en mente: etiqueta la emoción.

_____

_____

_____

Ubicación corporal: _____   Sensación corporal: _____

RVRR Parte 1: Tómate un minuto para realizar la parte 1 de la técnica RVRR. Ahora, establece un plan sobre cuándo, dónde y cómo liberarás tu bóveda más tarde hoy. *Escribe tu plan a continuación:*

_____

_____

_____

Visualiza sólo un aspecto de la vida de tus sueños: no planifiques ni pienses estrategias sobre cómo va a suceder. **Imaginate el resultado final.** Suaviza tu mirada o cierra los ojos y respira profundamente unas cuantas veces mientras imaginas y conectas con esta parte de tu vida ideal. **Tómate un minuto completo** para **disfrutar** de esta experiencia. ¿Cómo se ve y se siente esta parte de la vida de tus sueños? *Escribe las palabras "¿Que tal...?" y luego describe este aspecto específico de la vida de tus sueños.*

_____

_____

_____

_____

_____

Mira profundamente en ti mismo: mira y siente quién eres en verdad: tus valores, tu esencia, tus habilidades innatas y tu corazón. ¿Qué imágenes y cualidades representan tu verdadero yo? **Afirma** tu personalidad única. *Escribe las palabras que mejor te describen:*

_____

_____

_____

_____

Terminando Mi Día _____/_____/_____

Enumera Dos cosas que te salieron bien hoy. [Incluso las cosas más pequeñas son buenas para notar]

1._____

2._____

RVRR Parte 2: ¿Liberaste tu bóveda? ¿Cómo te fue? Escribe sobre ello aquí:
_____
_____
_____

Visualiza una persona, un lugar, animal o yo superior que te haga sentir seguro y amado: **imagina** y siente esta esencia. Suaviza tu mirada o cierra los ojos y respira profundamente unas cuantas veces mientras te conectas. **Siente** el contacto amoroso, afectuoso y seguro. Permítete **fundirte** en el abrazo más relajante y reconfortante. Permítete **quedarte aquí durante un minuto completo**. ¿Hay alguna **sensación** o algún **mensaje** que te llega? ¿**Dónde** lo sientes en tu cuerpo? *Escribe las palabras que mejor describen esta experiencia:*
_____
_____
_____

Identifiqua una cosa por la que estes **agradecido** hoy: asegurate de que sea diferente de lo que identificaste ayer. [Incluso las cosas más pequeñas cuentan] Suaviza tu mirada/o cierra los ojos y respira profundamente unas cuantas veces mientras te **tomas un minuto completo** para **saborear** este sentimiento de gratitud. Escribe los detalles a continuación:
_____
_____
_____

Identifica una **necesidad** actual. Entra dentro de ti y pregúntate "¿qué necesito?" Escribe en tercera persona "tu nombre necesita":
_____
_____
_____

*Comenzando Mi Dia*_____/_____/_____

Libera algo de espacio mental. Describe brevemente el pensamiento o factor estresante más fuerte que tienes en mente: etiqueta la emoción.

_____
_____
_____

Ubicación corporal: _____ Sensación corporal: _____

RVRR Parte 1: Tómate un minuto para realizar la parte 1 de la técnica RVRR. Ahora, establece un plan sobre cuándo, dónde y cómo liberarás tu bóveda más tarde hoy. *Escribe tu plan a continuación:*

_____
_____
_____

Visualiza sólo un aspecto de la vida de tus sueños: no planifiques ni pienses estrategias sobre cómo va a suceder. **Imagínate el resultado final**. Suaviza tu mirada o cierra los ojos y respira profundamente unas cuantas veces mientras imaginas y conectas con esta parte de tu vida ideal. **Tómate un minuto completo** para **disfrutar** de esta experiencia. ¿Cómo se ve y se siente esta parte de la vida de tus sueños? *Escribe las palabras "¿Que tal...?" y luego describe este aspecto específico de la vida de tus sueños.*

_____
_____
_____
_____
_____

Mira profundamente en ti mismo: mira y siente quién eres en verdad: tus valores, tu esencia, tus habilidades innatas y tu corazón. ¿Qué imágenes y cualidades representan tu verdadero yo? **Afirma** tu personalidad única. *Escribe las palabras que mejor te describen:*

_____
_____
_____
_____

Terminando Mi Día _____/_____/_____

Enumera Dos cosas que te salieron bien hoy. [Incluso las cosas más pequeñas son buenas para notar]

1._____

2._____

RVRR Parte 2: ¿Liberaste tu bóveda? ¿Cómo te fue? Escribe sobre ello aquí:
_____
_____
_____

Visualiza una persona, un lugar, animal o yo superior que te haga sentir seguro y amado: **imagina** y siente esta esencia. Suaviza tu mirada o cierra los ojos y respira profundamente unas cuantas veces mientras te conectas. **Siente** el contacto amoroso, afectuoso y seguro. Permítete **fundirte** en el abrazo más relajante y reconfortante. Permítete **quedarte aquí durante un minuto completo**. ¿Hay alguna **sensación** o algún **mensaje** que te llega? ¿**Dónde** lo sientes en tu cuerpo? *Escribe las palabras que mejor describen esta experiencia:*
_____
_____
_____

Identifiqua una cosa por la que estes **agradecido** hoy: asegurate de que sea diferente de lo que identificaste ayer. [Incluso las cosas más pequeñas cuentan] Suaviza tu mirada/o cierra los ojos y respira profundamente unas cuantas veces mientras te **tomas un minuto completo** para **saborear** este sentimiento de gratitud. Escribe los detalles a continuación:
_____
_____
_____

Identifica una **necesidad** actual. Entra dentro de ti y pregúntate "¿qué necesito?" Escribe en tercera persona "tu nombre necesita":
_____
_____
_____

*Comenzando Mi Dia*_____/_____/_____

Libera algo de espacio mental. Describe brevemente el pensamiento o factor estresante más fuerte que tienes en mente: etiqueta la emoción.

_____

_____

_____

Ubicación corporal: _____   Sensación corporal: _____

RVRR Parte 1: Tómate un minuto para realizar la parte 1 de la técnica RVRR. Ahora, establece un plan sobre cuándo, dónde y cómo liberarás tu bóveda más tarde hoy. *Escribe tu plan a continuación:*

_____

_____

_____

Visualiza sólo un aspecto de la vida de tus sueños: no planifiques ni pienses estrategias sobre cómo va a suceder. **Imaginate el resultado final.** Suaviza tu mirada o cierra los ojos y respira profundamente unas cuantas veces mientras imaginas y conectas con esta parte de tu vida ideal. **Tómate un minuto completo** para **disfrutar** de esta experiencia. ¿Cómo se ve y se siente esta parte de la vida de tus sueños? *Escribe las palabras "¿Que tal...?" y luego describe este aspecto específico de la vida de tus sueños.*

_____

_____

_____

_____

_____

Mira profundamente en ti mismo: mira y siente quién eres en verdad: tus valores, tu esencia, tus habilidades innatas y tu corazón. ¿Qué imágenes y cualidades representan tu verdadero yo? **Afirma** tu personalidad única. *Escribe las palabras que mejor te describen:*

_____

_____

_____

_____

Terminando Mi Día _____/_____/_____

Enumera Dos cosas que te salieron bien hoy. [Incluso las cosas más pequeñas son buenas para notar]

1._____

2._____

RVRR Parte 2: ¿Liberaste tu bóveda? ¿Cómo te fue? Escribe sobre ello aquí:
_____
_____
_____

Visualiza una persona, un lugar, animal o yo superior que te haga sentir seguro y amado: **imagina** y siente esta esencia. Suaviza tu mirada o cierra los ojos y respira profundamente unas cuantas veces mientras te conectas. **Siente** el contacto amoroso, afectuoso y seguro. Permítete **fundirte** en el abrazo más relajante y reconfortante. Permítete **quedarte aquí durante un minuto completo**. ¿Hay alguna **sensación** o algún **mensaje** que te llega? ¿**Dónde** lo sientes en tu cuerpo? *Escribe las palabras que mejor describen esta experiencia:*
_____
_____
_____

Identifiqua una cosa por la que estes **agradecido** hoy: asegurate de que sea diferente de lo que identificaste ayer. [Incluso las cosas más pequeñas cuentan] Suaviza tu mirada/o cierra los ojos y respira profundamente unas cuantas veces mientras te **tomas un minuto completo** para **saborear** este sentimiento de gratitud. Escribe los detalles a continuación:
_____
_____
_____

Identifica una **necesidad** actual. Entra dentro de ti y pregúntate "¿qué necesito?" Escribe en tercera persona "tu nombre necesita":
_____
_____
_____

*Comenzando Mi Dia*_____/_____/_____

Libera algo de espacio mental. Describe brevemente el pensamiento o factor estresante más fuerte que tienes en mente: etiqueta la emoción.

_____

_____

Ubicación corporal: _____ Sensación corporal: _____

RVRR Parte 1: Tómate un minuto para realizar la parte 1 de la técnica RVRR. Ahora, establece un plan sobre cuándo, dónde y cómo liberarás tu bóveda más tarde hoy. *Escribe tu plan a continuación:*

_____

_____

_____

Visualiza sólo un aspecto de la vida de tus sueños: no planifiques ni pienses estrategias sobre cómo va a suceder. **Imaginate el resultado final.** Suaviza tu mirada o cierra los ojos y respira profundamente unas cuantas veces mientras imaginas y conectas con esta parte de tu vida ideal. **Tómate un minuto completo** para **disfrutar** de esta experiencia. ¿Cómo se ve y se siente esta parte de la vida de tus sueños? *Escribe las palabras "¿Que tal...?"* y luego describe este aspecto específico de la vida de tus sueños.

_____

_____

_____

_____

Mira profundamente en ti mismo: mira y siente quién eres en verdad: tus valores, tu esencia, tus habilidades innatas y tu corazón. ¿Qué imágenes y cualidades representan tu verdadero yo? **Afirma** tu personalidad única. *Escribe las palabras que mejor te describen:*

_____

_____

_____

Terminando Mi Día _____/_____/_____

Enumera Dos cosas que te salieron bien hoy. [Incluso las cosas más pequeñas son buenas para notar]

1._____

2._____

RVRR Parte 2: ¿Liberaste tu bóveda? ¿Cómo te fue? Escribe sobre ello aquí:
_____
_____
_____

Visualiza una persona, un lugar, animal o yo superior que te haga sentir seguro y amado: **imagina** y siente esta esencia. Suaviza tu mirada o cierra los ojos y respira profundamente unas cuantas veces mientras te conectas. **Siente** el contacto amoroso, afectuoso y seguro. Permítete **fundirte** en el abrazo más relajante y reconfortante. Permítete **quedarte aquí durante un minuto completo**. ¿Hay alguna **sensación** o algún **mensaje** que te llega? ¿**Dónde** lo sientes en tu cuerpo? *Escribe las palabras que mejor describen esta experiencia:*
_____
_____
_____
_____

Identifiqua una cosa por la que estes **agradecido** hoy: asegurate de que sea diferente de lo que identificaste ayer. [Incluso las cosas más pequeñas cuentan] Suaviza tu mirada/o cierra los ojos y respira profundamente unas cuantas veces mientras te **tomas un minuto completo** para **saborear** este sentimiento de gratitud. Escribe los detalles a continuación:
_____
_____
_____

Identifica una **necesidad** actual. Entra dentro de ti y pregúntate "¿qué necesito?" Escribe en tercera persona "tu nombre necesita":
_____
_____
_____

*Comenzando Mi Dia*_____/_____/_____

Libera algo de espacio mental. Describe brevemente el pensamiento o factor estresante más fuerte que tienes en mente: etiqueta la emoción.

_____

_____

_____

Ubicación corporal: _____   Sensación corporal: _____

RVRR Parte 1: Tómate un minuto para realizar la parte 1 de la técnica RVRR. Ahora, establece un plan sobre cuándo, dónde y cómo liberarás tu bóveda más tarde hoy. *Escribe tu plan a continuación:*

_____

_____

_____

Visualiza sólo un aspecto de la vida de tus sueños: no planifiques ni pienses estrategias sobre cómo va a suceder. **Imagínate el resultado final.** Suaviza tu mirada o cierra los ojos y respira profundamente unas cuantas veces mientras imaginas y conectas con esta parte de tu vida ideal. **Tómate un minuto completo** para **disfrutar** de esta experiencia. ¿Cómo se ve y se siente esta parte de la vida de tus sueños? *Escribe las palabras "¿Que tal...?" y luego describe este aspecto específico de la vida de tus sueños.*

_____

_____

_____

_____

_____

Mira profundamente en ti mismo: mira y siente quién eres en verdad: tus valores, tu esencia, tus habilidades innatas y tu corazón. ¿Qué imágenes y cualidades representan tu verdadero yo? **Afirma** tu personalidad única. *Escribe las palabras que mejor te describen:*

_____

_____

_____

_____

Terminando Mi Día _____/_____/_____

Enumera Dos cosas que te salieron bien hoy. [Incluso las cosas más pequeñas son buenas para notar]

1._____

2._____

RVRR Parte 2: ¿Liberaste tu bóveda? ¿Cómo te fue? Escribe sobre ello aquí:
_____
_____
_____

Visualiza una persona, un lugar, animal o yo superior que te haga sentir seguro y amado: **imagina** y siente esta esencia. Suaviza tu mirada o cierra los ojos y respira profundamente unas cuantas veces mientras te conectas. **Siente** el contacto amoroso, afectuoso y seguro. Permítete **fundirte** en el abrazo más relajante y reconfortante. Permítete **quedarte aquí durante un minuto completo**. ¿Hay alguna **sensación** o algún **mensaje** que te llega? ¿**Dónde** lo sientes en tu cuerpo? *Escribe las palabras que mejor describen esta experiencia:*
_____
_____
_____

Identifiqua una cosa por la que estes **agradecido** hoy: asegurate de que sea diferente de lo que identificaste ayer. [Incluso las cosas más pequeñas cuentan] Suaviza tu mirada/o cierra los ojos y respira profundamente unas cuantas veces mientras te **tomas un minuto completo** para **saborear** este sentimiento de gratitud. Escribe los detalles a continuación:
_____
_____
_____

Identifica una **necesidad** actual. Entra dentro de ti y pregúntate "¿qué necesito?" Escribe en tercera persona "tu nombre necesita":
_____
_____

*Comenzando Mi Dia*_____/_____/_____

Libera algo de espacio mental. Describe brevemente el pensamiento o factor estresante más fuerte que tienes en mente: etiqueta la emoción.

_____

_____

_____

Ubicación corporal: _____   Sensación corporal: _____

RVRR Parte 1: Tómate un minuto para realizar la parte 1 de la técnica RVRR. Ahora, establece un plan sobre cuándo, dónde y cómo liberarás tu bóveda más tarde hoy. *Escribe tu plan a continuación:*

_____

_____

_____

Visualiza sólo un aspecto de la vida de tus sueños: no planifiques ni pienses estrategias sobre cómo va a suceder. **Imagínate el resultado final.** Suaviza tu mirada o cierra los ojos y respira profundamente unas cuantas veces mientras imaginas y conectas con esta parte de tu vida ideal. **Tómate un minuto completo** para **disfrutar** de esta experiencia. ¿Cómo se ve y se siente esta parte de la vida de tus sueños? *Escribe las palabras "¿Que tal...?" y luego describe este aspecto específico de la vida de tus sueños.*

_____

_____

_____

_____

_____

Mira profundamente en ti mismo: mira y siente quién eres en verdad: tus valores, tu esencia, tus habilidades innatas y tu corazón. ¿Qué imágenes y cualidades representan tu verdadero yo? **Afirma** tu personalidad única. *Escribe las palabras que mejor te describen:*

_____

_____

_____

_____

Terminando Mi Día _____/_____/_____

Enumera Dos cosas que te salieron bien hoy. [Incluso las cosas más pequeñas son buenas para notar]

1._____

2._____

RVRR Parte 2: ¿Liberaste tu bóveda? ¿Cómo te fue? Escribe sobre ello aquí:
_____
_____
_____

Visualiza una persona, un lugar, animal o yo superior que te haga sentir seguro y amado: **imagina** y siente esta esencia. Suaviza tu mirada o cierra los ojos y respira profundamente unas cuantas veces mientras te conectas. **Siente** el contacto amoroso, afectuoso y seguro. Permítete **fundirte** en el abrazo más relajante y reconfortante. Permítete **quedarte aquí durante un minuto completo**. ¿Hay alguna **sensación** o algún **mensaje** que te llega? ¿**Dónde** lo sientes en tu cuerpo? *Escribe las palabras que mejor describen esta experiencia:*
_____
_____
_____

Identifiqua una cosa por la que estes **agradecido** hoy: asegurate de que sea diferente de lo que identificaste ayer. [Incluso las cosas más pequeñas cuentan] Suaviza tu mirada/o cierra los ojos y respira profundamente unas cuantas veces mientras te **tomas un minuto completo** para **saborear** este sentimiento de gratitud. Escribe los detalles a continuación:
_____
_____
_____

Identifica una **necesidad** actual. Entra dentro de ti y pregúntate "¿qué necesito?" Escribe en tercera persona "tu nombre necesita":
_____
_____
_____

*Comenzando Mi Dia*_____/_____/_____

Libera algo de espacio mental. Describe brevemente el pensamiento o factor estresante más fuerte que tienes en mente: etiqueta la emoción.

_____

_____

_____

Ubicación corporal: _____ Sensación corporal: _____

RVRR Parte 1: Tómate un minuto para realizar la parte 1 de la técnica RVRR. Ahora, establece un plan sobre cuándo, dónde y cómo liberarás tu bóveda más tarde hoy. *Escribe tu plan a continuación:*

_____

_____

Visualiza sólo un aspecto de la vida de tus sueños: no planifiques ni pienses estrategias sobre cómo va a suceder. **Imagínate el resultado final.** Suaviza tu mirada o cierra los ojos y respira profundamente unas cuantas veces mientras imaginas y conectas con esta parte de tu vida ideal. **Tómate un minuto completo** para **disfrutar** de esta experiencia. ¿Cómo se ve y se siente esta parte de la vida de tus sueños? *Escribe las palabras "¿Que tal...?" y luego describe este aspecto específico de la vida de tus sueños.*

_____

_____

_____

_____

_____

Mira profundamente en ti mismo: mira y siente quién eres en verdad: tus valores, tu esencia, tus habilidades innatas y tu corazón. ¿Qué imágenes y cualidades representan tu verdadero yo? **Afirma** tu personalidad única. *Escribe las palabras que mejor te describen:*

_____

_____

_____

_____

Terminando Mi Día _____/_____/_____

Enumera Dos cosas que te salieron bien hoy. [Incluso las cosas más pequeñas son buenas para notar]

1._____

2._____

RVRR Parte 2: ¿Liberaste tu bóveda? ¿Cómo te fue? Escribe sobre ello aquí:
_____
_____
_____

Visualiza una persona, un lugar, animal o yo superior que te haga sentir seguro y amado: **imagina** y siente esta esencia. Suaviza tu mirada o cierra los ojos y respira profundamente unas cuantas veces mientras te conectas. **Siente** el contacto amoroso, afectuoso y seguro. Permítete **fundirte** en el abrazo más relajante y reconfortante. Permítete **quedarte aquí durante un minuto completo**. ¿Hay alguna **sensación** o algún **mensaje** que te llega? ¿**Dónde** lo sientes en tu cuerpo? *Escribe las palabras que mejor describen esta experiencia:*
_____
_____
_____

Identifiqua una cosa por la que estes **agradecido** hoy: asegurate de que sea diferente de lo que identificaste ayer. [Incluso las cosas más pequeñas cuentan] Suaviza tu mirada/o cierra los ojos y respira profundamente unas cuantas veces mientras te **tomas un minuto completo** para **saborear** este sentimiento de gratitud. Escribe los detalles a continuación:
_____
_____
_____

Identifica una **necesidad** actual. Entra dentro de ti y pregúntate "¿qué necesito?" Escribe en tercera persona "tu nombre necesita":
_____
_____
_____

*Comenzando Mi Dia*_____/_____/_____

Libera algo de espacio mental. Describe brevemente el pensamiento o factor estresante más fuerte que tienes en mente: etiqueta la emoción.

_____
_____
_____

Ubicación corporal: _____ Sensación corporal: _____

RVRR Parte 1: Tómate un minuto para realizar la parte 1 de la técnica RVRR. Ahora, establece un plan sobre cuándo, dónde y cómo liberarás tu bóveda más tarde hoy. *Escribe tu plan a continuación:*

_____
_____
_____

Visualiza sólo un aspecto de la vida de tus sueños: no planifiques ni pienses estrategias sobre cómo va a suceder. **Imagínate el resultado final.** Suaviza tu mirada o cierra los ojos y respira profundamente unas cuantas veces mientras imaginas y conectas con esta parte de tu vida ideal. **Tómate un minuto completo** para **disfrutar** de esta experiencia. ¿Cómo se ve y se siente esta parte de la vida de tus sueños? *Escribe las palabras "¿Que tal...?" y luego describe este aspecto específico de la vida de tus sueños.*

_____
_____
_____
_____
_____

Mira profundamente en ti mismo: mira y siente quién eres en verdad: tus valores, tu esencia, tus habilidades innatas y tu corazón. ¿Qué imágenes y cualidades representan tu verdadero yo? **Afirma** tu personalidad única. *Escribe las palabras que mejor te describen:*

_____
_____
_____
_____

Terminando Mi Día _____/_____/_____

Enumera Dos cosas que te salieron bien hoy. [Incluso las cosas más pequeñas son buenas para notar]

1._____

2._____

RVRR Parte 2: ¿Liberaste tu bóveda? ¿Cómo te fue? Escribe sobre ello aquí:
_____
_____
_____

Visualiza una persona, un lugar, animal o yo superior que te haga sentir seguro y amado: **imagina** y siente esta esencia. Suaviza tu mirada o cierra los ojos y respira profundamente unas cuantas veces mientras te conectas. **Siente** el contacto amoroso, afectuoso y seguro. Permítete **fundirte** en el abrazo más relajante y reconfortante. Permítete **quedarte aquí durante un minuto completo**. ¿Hay alguna **sensación** o algún **mensaje** que te llega? ¿**Dónde** lo sientes en tu cuerpo? *Escribe las palabras que mejor describen esta experiencia:*
_____
_____
_____

Identifiqua una cosa por la que estes **agradecido** hoy: asegurate de que sea diferente de lo que identificaste ayer. [Incluso las cosas más pequeñas cuentan] Suaviza tu mirada/o cierra los ojos y respira profundamente unas cuantas veces mientras te **tomas un minuto completo** para **saborear** este sentimiento de gratitud. Escribe los detalles a continuación:
_____
_____
_____

Identifica una **necesidad** actual. Entra dentro de ti y pregúntate "¿qué necesito?" Escribe en tercera persona "tu nombre necesita":
_____
_____
_____

Comenzando Mi Dia _____/_____/_____

Libera algo de espacio mental. Describe brevemente el pensamiento o factor estresante más fuerte que tienes en mente: etiqueta la emoción.

_____

_____

_____

Ubicación corporal: _____ Sensación corporal: _____

RVRR Parte 1: Tómate un minuto para realizar la parte 1 de la técnica RVRR. Ahora, establece un plan sobre cuándo, dónde y cómo liberarás tu bóveda más tarde hoy. *Escribe tu plan a continuación:*

_____

_____

_____

Visualiza sólo un aspecto de la vida de tus sueños: no planifiques ni pienses estrategias sobre cómo va a suceder. **Imaginate el resultado final.** Suaviza tu mirada o cierra los ojos y respira profundamente unas cuantas veces mientras imaginas y conectas con esta parte de tu vida ideal. **Tómate un minuto completo** para **disfrutar** de esta experiencia. ¿Cómo se ve y se siente esta parte de la vida de tus sueños? *Escribe las palabras "¿Que tal...?" y luego describe este aspecto específico de la vida de tus sueños.*

_____

_____

_____

_____

_____

Mira profundamente en ti mismo: mira y siente quién eres en verdad: tus valores, tu esencia, tus habilidades innatas y tu corazón. ¿Qué imágenes y cualidades representan tu verdadero yo? **Afirma** tu personalidad única. *Escribe las palabras que mejor te describen:*

_____

_____

_____

_____

Terminando Mi Día _____/_____/_____

Enumera Dos cosas que te salieron bien hoy. [Incluso las cosas más pequeñas son buenas para notar]

1._____

2._____

RVRR Parte 2: ¿Liberaste tu bóveda? ¿Cómo te fue? Escribe sobre ello aquí:
_____
_____
_____

Visualiza una persona, un lugar, animal o yo superior que te haga sentir seguro y amado: **imagina** y siente esta esencia. Suaviza tu mirada o cierra los ojos y respira profundamente unas cuantas veces mientras te conectas. **Siente** el contacto amoroso, afectuoso y seguro. Permítete **fundirte** en el abrazo más relajante y reconfortante. Permítete **quedarte aquí durante un minuto completo**. ¿Hay alguna **sensación** o algún **mensaje** que te llega? ¿**Dónde** lo sientes en tu cuerpo? *Escribe las palabras que mejor describen esta experiencia:*
_____
_____
_____
_____

Identifiqua una cosa por la que estes **agradecido** hoy: asegurate de que sea diferente de lo que identificaste ayer. [Incluso las cosas más pequeñas cuentan] Suaviza tu mirada/o cierra los ojos y respira profundamente unas cuantas veces mientras te **tomas un minuto completo** para **saborear** este sentimiento de gratitud. Escribe los detalles a continuación:
_____
_____
_____

Identifica una **necesidad** actual. Entra dentro de ti y pregúntate "¿qué necesito?" Escribe en tercera persona "tu nombre necesita":
_____
_____

*Comenzando Mi Dia*_____/_____/_____

Libera algo de espacio mental. Describe brevemente el pensamiento o factor estresante más fuerte que tienes en mente: etiqueta la emoción.

_____
_____
_____

Ubicación corporal: _____ Sensación corporal: _____

RVRR Parte 1: Tómate un minuto para realizar la parte 1 de la técnica RVRR. Ahora, establece un plan sobre cuándo, dónde y cómo liberarás tu bóveda más tarde hoy. *Escribe tu plan a continuación:*

_____
_____
_____

Visualiza sólo un aspecto de la vida de tus sueños: no planifiques ni pienses estrategias sobre cómo va a suceder. **Imagínate el resultado final**. Suaviza tu mirada o cierra los ojos y respira profundamente unas cuantas veces mientras imaginas y conectas con esta parte de tu vida ideal. **Tómate un minuto completo** para **disfrutar** de esta experiencia. ¿Cómo se ve y se siente esta parte de la vida de tus sueños? *Escribe las palabras "¿Que tal...?" y luego describe este aspecto específico de la vida de tus sueños.*

_____
_____
_____
_____
_____

Mira profundamente en ti mismo: mira y siente quién eres en verdad: tus valores, tu esencia, tus habilidades innatas y tu corazón. ¿Qué imágenes y cualidades representan tu verdadero yo? **Afirma** tu personalidad única. *Escribe las palabras que mejor te describen:*

_____
_____
_____
_____

Terminando Mi Día _____/_____/_____

Enumera Dos cosas que te salieron bien hoy. [Incluso las cosas más pequeñas son buenas para notar]

1._____
2._____

RVRR Parte 2: ¿Liberaste tu bóveda? ¿Cómo te fue? Escribe sobre ello aquí:
_____
_____
_____

Visualiza una persona, un lugar, animal o yo superior que te haga sentir seguro y amado: **imagina** y siente esta esencia. Suaviza tu mirada o cierra los ojos y respira profundamente unas cuantas veces mientras te conectas. **Siente** el contacto amoroso, afectuoso y seguro. Permítete **fundirte** en el abrazo más relajante y reconfortante. Permítete **quedarte aquí durante un minuto completo**. ¿Hay alguna **sensación** o algún **mensaje** que te llega? ¿**Dónde** lo sientes en tu cuerpo? *Escribe las palabras que mejor describen esta experiencia:*
_____
_____
_____
_____

Identifiqua una cosa por la que estes **agradecido** hoy: asegurate de que sea diferente de lo que identificaste ayer. [Incluso las cosas más pequeñas cuentan] Suaviza tu mirada/o cierra los ojos y respira profundamente unas cuantas veces mientras te **tomas un minuto completo** para **saborear** este sentimiento de gratitud. Escribe los detalles a continuación:
_____
_____
_____

Identifica una **necesidad** actual. Entra dentro de ti y pregúntate "¿qué necesito?" Escribe en tercera persona "tu nombre necesita":
_____
_____
_____

*Comenzando Mi Dia*_____/_____/_____

Libera algo de espacio mental. Describe brevemente el pensamiento o factor estresante más fuerte que tienes en mente: etiqueta la emoción.

_____

_____

_____

Ubicación corporal: _____ Sensación corporal: _____

RVRR Parte 1: Tómate un minuto para realizar la parte 1 de la técnica RVRR. Ahora, establece un plan sobre cuándo, dónde y cómo liberarás tu bóveda más tarde hoy. *Escribe tu plan a continuación:*

_____

_____

_____

Visualiza sólo un aspecto de la vida de tus sueños: no planifiques ni pienses estrategias sobre cómo va a suceder. **Imaginate el resultado final.** Suaviza tu mirada o cierra los ojos y respira profundamente unas cuantas veces mientras imaginas y conectas con esta parte de tu vida ideal. **Tómate un minuto completo** para **disfrutar** de esta experiencia. ¿Cómo se ve y se siente esta parte de la vida de tus sueños? *Escribe las palabras "¿Que tal...?" y luego describe este aspecto específico de la vida de tus sueños.*

_____

_____

_____

_____

_____

Mira profundamente en ti mismo: mira y siente quién eres en verdad: tus valores, tu esencia, tus habilidades innatas y tu corazón. ¿Qué imágenes y cualidades representan tu verdadero yo? **Afirma** tu personalidad única. *Escribe las palabras que mejor te describen:*

_____

_____

_____

_____

Terminando Mi Día _____/_____/_____

Enumera Dos cosas que te salieron bien hoy. [Incluso las cosas más pequeñas son buenas para notar]

1._____

2._____

RVRR Parte 2: ¿Liberaste tu bóveda? ¿Cómo te fue? Escribe sobre ello aquí:
_____
_____
_____

Visualiza una persona, un lugar, animal o yo superior que te haga sentir seguro y amado: **imagina** y siente esta esencia. Suaviza tu mirada o cierra los ojos y respira profundamente unas cuantas veces mientras te conectas. **Siente** el contacto amoroso, afectuoso y seguro. Permítete **fundirte** en el abrazo más relajante y reconfortante. Permítete **quedarte aquí durante un minuto completo**. ¿Hay alguna **sensación** o algún **mensaje** que te llega? ¿**Dónde** lo sientes en tu cuerpo? *Escribe las palabras que mejor describen esta experiencia:*
_____
_____
_____

Identifiqua una cosa por la que estes **agradecido** hoy: asegurate de que sea diferente de lo que identificaste ayer. [Incluso las cosas más pequeñas cuentan] Suaviza tu mirada/o cierra los ojos y respira profundamente unas cuantas veces mientras te **tomas un minuto completo** para **saborear** este sentimiento de gratitud. Escribe los detalles a continuación:
_____
_____
_____

Identifica una **necesidad** actual. Entra dentro de ti y pregúntate "¿qué necesito?" Escribe en tercera persona "tu nombre necesita":
_____
_____
_____

*Comenzando Mi Dia*_____/_____/_____

Libera algo de espacio mental. Describe brevemente el pensamiento o factor estresante más fuerte que tienes en mente: etiqueta la emoción.

_____
_____
_____

Ubicación corporal: _____   Sensación corporal: _____

RVRR Parte 1: Tómate un minuto para realizar la parte 1 de la técnica RVRR. Ahora, establece un plan sobre cuándo, dónde y cómo liberarás tu bóveda más tarde hoy. *Escribe tu plan a continuación:*

_____
_____
_____

Visualiza sólo un aspecto de la vida de tus sueños: no planifiques ni pienses estrategias sobre cómo va a suceder. **Imagínate el resultado final**. Suaviza tu mirada o cierra los ojos y respira profundamente unas cuantas veces mientras imaginas y conectas con esta parte de tu vida ideal. **Tómate un minuto completo** para **disfrutar** de esta experiencia. ¿Cómo se ve y se siente esta parte de la vida de tus sueños? *Escribe las palabras "¿Que tal...?" y luego describe este aspecto específico de la vida de tus sueños.*

_____
_____
_____
_____
_____

Mira profundamente en ti mismo: mira y siente quién eres en verdad: tus valores, tu esencia, tus habilidades innatas y tu corazón. ¿Qué imágenes y cualidades representan tu verdadero yo? **Afirma** tu personalidad única. *Escribe las palabras que mejor te describen:*

_____
_____
_____
_____

Terminando Mi Día _____/_____/_____

Enumera Dos cosas que te salieron bien hoy. [Incluso las cosas más pequeñas son buenas para notar]

1._____
2._____

RVRR Parte 2: ¿Liberaste tu bóveda? ¿Cómo te fue? Escribe sobre ello aquí:
_____
_____
_____

Visualiza una persona, un lugar, animal o yo superior que te haga sentir seguro y amado: **imagina** y siente esta esencia. Suaviza tu mirada o cierra los ojos y respira profundamente unas cuantas veces mientras te conectas. **Siente** el contacto amoroso, afectuoso y seguro. Permítete **fundirte** en el abrazo más relajante y reconfortante. Permítete **quedarte aquí durante un minuto completo**. ¿Hay alguna **sensación** o algún **mensaje** que te llega? ¿**Dónde** lo sientes en tu cuerpo? *Escribe las palabras que mejor describen esta experiencia:*
_____
_____
_____
_____

Identifiqua una cosa por la que estes **agradecido** hoy: asegurate de que sea diferente de lo que identificaste ayer. [Incluso las cosas más pequeñas cuentan] Suaviza tu mirada/o cierra los ojos y respira profundamente unas cuantas veces mientras te **tomas un minuto completo** para **saborear** este sentimiento de gratitud. Escribe los detalles a continuación:
_____
_____
_____

Identifica una **necesidad** actual. Entra dentro de ti y pregúntate "¿qué necesito?" Escribe en tercera persona "tu nombre necesita":
_____
_____

*Comenzando Mi Dia*_____/_____/_____

Libera algo de espacio mental. Describe brevemente el pensamiento o factor estresante más fuerte que tienes en mente: etiqueta la emoción.

_____

_____

_____

Ubicación corporal: _____ Sensación corporal: _____

RVRR Parte 1: Tómate un minuto para realizar la parte 1 de la técnica RVRR. Ahora, establece un plan sobre cuándo, dónde y cómo liberarás tu bóveda más tarde hoy. *Escribe tu plan a continuación:*

_____

_____

_____

Visualiza sólo un aspecto de la vida de tus sueños: no planifiques ni pienses estrategias sobre cómo va a suceder. **Imagínate el resultado final.** Suaviza tu mirada o cierra los ojos y respira profundamente unas cuantas veces mientras imaginas y conectas con esta parte de tu vida ideal. **Tómate un minuto completo** para **disfrutar** de esta experiencia. ¿Cómo se ve y se siente esta parte de la vida de tus sueños? *Escribe las palabras "¿Que tal…?" y luego describe este aspecto específico de la vida de tus sueños.*

_____

_____

_____

_____

_____

Mira profundamente en ti mismo: mira y siente quién eres en verdad: tus valores, tu esencia, tus habilidades innatas y tu corazón. ¿Qué imágenes y cualidades representan tu verdadero yo? **Afirma** tu personalidad única. *Escribe las palabras que mejor te describen:*

_____

_____

_____

_____

Terminando Mi Día _____/_____/_____

Enumera Dos cosas que te salieron bien hoy. [Incluso las cosas más pequeñas son buenas para notar]

1._____

2._____

RVRR Parte 2: ¿Liberaste tu bóveda? ¿Cómo te fue? Escribe sobre ello aquí:
_____
_____
_____

Visualiza una persona, un lugar, animal o yo superior que te haga sentir seguro y amado: **imagina** y siente esta esencia. Suaviza tu mirada o cierra los ojos y respira profundamente unas cuantas veces mientras te conectas. **Siente** el contacto amoroso, afectuoso y seguro. Permítete **fundirte** en el abrazo más relajante y reconfortante. Permítete **quedarte aquí durante un minuto completo**. ¿Hay alguna **sensación** o algún **mensaje** que te llega? ¿**Dónde** lo sientes en tu cuerpo? *Escribe las palabras que mejor describen esta experiencia:*
_____
_____
_____

Identifiqua una cosa por la que estes **agradecido** hoy: asegurate de que sea diferente de lo que identificaste ayer. [Incluso las cosas más pequeñas cuentan] Suaviza tu mirada/o cierra los ojos y respira profundamente unas cuantas veces mientras te **tomas un minuto completo** para **saborear** este sentimiento de gratitud. Escribe los detalles a continuación:
_____
_____
_____

Identifica una **necesidad** actual. Entra dentro de ti y pregúntate "¿qué necesito?" Escribe en tercera persona "tu nombre necesita":
_____
_____
_____

*Comenzando Mi Día*_____/_____/_____

Libera algo de espacio mental. Describe brevemente el pensamiento o factor estresante más fuerte que tienes en mente: etiqueta la emoción.

_____

_____

_____

Ubicación corporal: _____ Sensación corporal: _____

RVRR Parte 1: Tómate un minuto para realizar la parte 1 de la técnica RVRR. Ahora, establece un plan sobre cuándo, dónde y cómo liberarás tu bóveda más tarde hoy. *Escribe tu plan a continuación:*

_____

_____

_____

Visualiza sólo un aspecto de la vida de tus sueños: no planifiques ni pienses estrategias sobre cómo va a suceder. **Imagínate el resultado final**. Suaviza tu mirada o cierra los ojos y respira profundamente unas cuantas veces mientras imaginas y conectas con esta parte de tu vida ideal. **Tómate un minuto completo** para **disfrutar** de esta experiencia. ¿Cómo se ve y se siente esta parte de la vida de tus sueños? *Escribe las palabras "¿Que tal...?" y luego describe este aspecto específico de la vida de tus sueños.*

_____

_____

_____

_____

_____

Mira profundamente en ti mismo: mira y siente quién eres en verdad: tus valores, tu esencia, tus habilidades innatas y tu corazón. ¿Qué imágenes y cualidades representan tu verdadero yo? **Afirma** tu personalidad única. *Escribe las palabras que mejor te describen:*

_____

_____

_____

_____

Terminando Mi Día _____/_____/_____

Enumera Dos cosas que te salieron bien hoy. [Incluso las cosas más pequeñas son buenas para notar]

1._____

2._____

RVRR Parte 2: ¿Liberaste tu bóveda? ¿Cómo te fue? Escribe sobre ello aquí:
_____
_____
_____

Visualiza una persona, un lugar, animal o yo superior que te haga sentir seguro y amado: **imagina** y siente esta esencia. Suaviza tu mirada o cierra los ojos y respira profundamente unas cuantas veces mientras te conectas. **Siente** el contacto amoroso, afectuoso y seguro. Permítete **fundirte** en el abrazo más relajante y reconfortante. Permítete **quedarte aquí durante un minuto completo**. ¿Hay alguna **sensación** o algún **mensaje** que te llega? ¿**Dónde** lo sientes en tu cuerpo? *Escribe las palabras que mejor describen esta experiencia:*
_____
_____
_____
_____

Identifiqua una cosa por la que estes **agradecido** hoy: asegurate de que sea diferente de lo que identificaste ayer. [Incluso las cosas más pequeñas cuentan] Suaviza tu mirada/o cierra los ojos y respira profundamente unas cuantas veces mientras te **tomas un minuto completo** para **saborear** este sentimiento de gratitud. Escribe los detalles a continuación:
_____
_____
_____

Identifica una **necesidad** actual. Entra dentro de ti y pregúntate "¿qué necesito?" Escribe en tercera persona "tu nombre necesita":
_____
_____
_____

*Comenzando Mi Dia*_____/_____/_____

Libera algo de espacio mental. Describe brevemente el pensamiento o factor estresante más fuerte que tienes en mente: etiqueta la emoción.

_____
_____
_____

Ubicación corporal: _____ Sensación corporal: _____

RVRR Parte 1: Tómate un minuto para realizar la parte 1 de la técnica RVRR. Ahora, establece un plan sobre cuándo, dónde y cómo liberarás tu bóveda más tarde hoy. *Escribe tu plan a continuación:*

_____
_____
_____

Visualiza sólo un aspecto de la vida de tus sueños: no planifiques ni pienses estrategias sobre cómo va a suceder. **Imagínate el resultado final.** Suaviza tu mirada o cierra los ojos y respira profundamente unas cuantas veces mientras imaginas y conectas con esta parte de tu vida ideal. **Tómate un minuto completo** para **disfrutar** de esta experiencia. ¿Cómo se ve y se siente esta parte de la vida de tus sueños? *Escribe las palabras "¿Que tal…?" y luego describe este aspecto específico de la vida de tus sueños.*

_____
_____
_____
_____
_____

Mira profundamente en ti mismo: mira y siente quién eres en verdad: tus valores, tu esencia, tus habilidades innatas y tu corazón. ¿Qué imágenes y cualidades representan tu verdadero yo? **Afirma** tu personalidad única. *Escribe las palabras que mejor te describen:*

_____
_____
_____
_____

Terminando Mi Día _____/_____/_____

Enumera Dos cosas que te salieron bien hoy. [Incluso las cosas más pequeñas son buenas para notar]

1._____

2._____

RVRR Parte 2: ¿Liberaste tu bóveda? ¿Cómo te fue? Escribe sobre ello aquí:
_____
_____
_____

Visualiza una persona, un lugar, animal o yo superior que te haga sentir seguro y amado: **imagina** y siente esta esencia. Suaviza tu mirada o cierra los ojos y respira profundamente unas cuantas veces mientras te conectas. **Siente** el contacto amoroso, afectuoso y seguro. Permítete **fundirte** en el abrazo más relajante y reconfortante. Permítete **quedarte aquí durante un minuto completo**. ¿Hay alguna **sensación** o algún **mensaje** que te llega? ¿**Dónde** lo sientes en tu cuerpo? *Escribe las palabras que mejor describen esta experiencia:*
_____
_____
_____

Identifiqua una cosa por la que estes **agradecido** hoy: asegurate de que sea diferente de lo que identificaste ayer. [Incluso las cosas más pequeñas cuentan] Suaviza tu mirada/o cierra los ojos y respira profundamente unas cuantas veces mientras te **tomas un minuto completo** para **saborear** este sentimiento de gratitud. Escribe los detalles a continuación:
_____
_____
_____

Identifica una **necesidad** actual. Entra dentro de ti y pregúntate "¿qué necesito?" Escribe en tercera persona "tu nombre necesita":
_____
_____
_____

*Comenzando Mi Dia*_____/_____/_____

Libera algo de espacio mental. Describe brevemente el pensamiento o factor estresante más fuerte que tienes en mente: etiqueta la emoción.

_____
_____
_____

Ubicación corporal: _____ Sensación corporal: _____

RVRR Parte 1: Tómate un minuto para realizar la parte 1 de la técnica RVRR. Ahora, establece un plan sobre cuándo, dónde y cómo liberarás tu bóveda más tarde hoy. *Escribe tu plan a continuación:*

_____
_____
_____

Visualiza sólo un aspecto de la vida de tus sueños: no planifiques ni pienses estrategias sobre cómo va a suceder. **Imaginate el resultado final.** Suaviza tu mirada o cierra los ojos y respira profundamente unas cuantas veces mientras imaginas y conectas con esta parte de tu vida ideal. **Tómate un minuto completo** para **disfrutar** de esta experiencia. ¿Cómo se ve y se siente esta parte de la vida de tus sueños? *Escribe las palabras "¿Que tal...?" y luego describe este aspecto específico de la vida de tus sueños.*

_____
_____
_____
_____
_____

Mira profundamente en ti mismo: mira y siente quién eres en verdad: tus valores, tu esencia, tus habilidades innatas y tu corazón. ¿Qué imágenes y cualidades representan tu verdadero yo? **Afirma** tu personalidad única. *Escribe las palabras que mejor te describen:*

_____
_____
_____
_____

Terminando Mi Día _____/_____/_____

Enumera Dos cosas que te salieron bien hoy. [Incluso las cosas más pequeñas son buenas para notar]

1._____

2._____

RVRR Parte 2: ¿Liberaste tu bóveda? ¿Cómo te fue? Escribe sobre ello aquí:

_____
_____
_____

Visualiza una persona, un lugar, animal o yo superior que te haga sentir seguro y amado: **imagina** y siente esta esencia. Suaviza tu mirada o cierra los ojos y respira profundamente unas cuantas veces mientras te conectas. **Siente** el contacto amoroso, afectuoso y seguro. Permítete **fundirte** en el abrazo más relajante y reconfortante. Permítete **quedarte aquí durante un minuto completo**. ¿Hay alguna **sensación** o algún **mensaje** que te llega? ¿**Dónde** lo sientes en tu cuerpo? *Escribe las palabras que mejor describen esta experiencia:*

_____
_____
_____

Identifiqua una cosa por la que estes **agradecido** hoy: asegurate de que sea diferente de lo que identificaste ayer. [Incluso las cosas más pequeñas cuentan] Suaviza tu mirada/o cierra los ojos y respira profundamente unas cuantas veces mientras te **tomas un minuto completo** para **saborear** este sentimiento de gratitud. Escribe los detalles a continuación:

_____
_____
_____

Identifica una **necesidad** actual. Entra dentro de ti y pregúntate "¿qué necesito?" Escribe en tercera persona "tu nombre necesita":

_____
_____
_____

*Comenzando Mi Dia*_____/_____/_____

Libera algo de espacio mental. Describe brevemente el pensamiento o factor estresante más fuerte que tienes en mente: etiqueta la emoción.

_____

_____

_____

Ubicación corporal: _____ Sensación corporal: _____

RVRR Parte 1: Tómate un minuto para realizar la parte 1 de la técnica RVRR. Ahora, establece un plan sobre cuándo, dónde y cómo liberarás tu bóveda más tarde hoy. *Escribe tu plan a continuación:*

_____

_____

Visualiza sólo un aspecto de la vida de tus sueños: no planifiques ni pienses estrategias sobre cómo va a suceder. **Imaginate el resultado final**. Suaviza tu mirada o cierra los ojos y respira profundamente unas cuantas veces mientras imaginas y conectas con esta parte de tu vida ideal. **Tómate un minuto completo** para **disfrutar** de esta experiencia. ¿Cómo se ve y se siente esta parte de la vida de tus sueños? *Escribe las palabras "¿Que tal...?" y luego describe este aspecto específico de la vida de tus sueños.*

_____

_____

_____

_____

_____

Mira profundamente en ti mismo: mira y siente quién eres en verdad: tus valores, tu esencia, tus habilidades innatas y tu corazón. ¿Qué imágenes y cualidades representan tu verdadero yo? **Afirma** tu personalidad única. *Escribe las palabras que mejor te describen:*

_____

_____

_____

_____

Terminando Mi Día _____/_____/_____

Enumera Dos cosas que te salieron bien hoy. [Incluso las cosas más pequeñas son buenas para notar]

1._____

2._____

RVRR Parte 2: ¿Liberaste tu bóveda? ¿Cómo te fue? Escribe sobre ello aquí:
_____
_____
_____

Visualiza una persona, un lugar, animal o yo superior que te haga sentir seguro y amado: **imagina** y siente esta esencia. Suaviza tu mirada o cierra los ojos y respira profundamente unas cuantas veces mientras te conectas. **Siente** el contacto amoroso, afectuoso y seguro. Permítete **fundirte** en el abrazo más relajante y reconfortante. Permítete **quedarte aquí durante un minuto completo**. ¿Hay alguna **sensación** o algún **mensaje** que te llega? ¿**Dónde** lo sientes en tu cuerpo? *Escribe las palabras que mejor describen esta experiencia:*
_____
_____
_____

Identifiqua una cosa por la que estes **agradecido** hoy: asegurate de que sea diferente de lo que identificaste ayer. [Incluso las cosas más pequeñas cuentan] Suaviza tu mirada/o cierra los ojos y respira profundamente unas cuantas veces mientras te **tomas un minuto completo** para **saborear** este sentimiento de gratitud. Escribe los detalles a continuación:
_____
_____
_____

Identifica una **necesidad** actual. Entra dentro de ti y pregúntate "¿qué necesito?" Escribe en tercera persona "tu nombre necesita":
_____
_____
_____

*Comenzando Mi Dia*_____/_____/_____

Libera algo de espacio mental. Describe brevemente el pensamiento o factor estresante más fuerte que tienes en mente: etiqueta la emoción.

_____
_____
_____

Ubicación corporal: _____   Sensación corporal: _____

RVRR Parte 1: Tómate un minuto para realizar la parte 1 de la técnica RVRR. Ahora, establece un plan sobre cuándo, dónde y cómo liberarás tu bóveda más tarde hoy. *Escribe tu plan a continuación:*

_____
_____
_____

Visualiza sólo un aspecto de la vida de tus sueños: no planifiques ni pienses estrategias sobre cómo va a suceder. **Imagínate el resultado final.** Suaviza tu mirada o cierra los ojos y respira profundamente unas cuantas veces mientras imaginas y conectas con esta parte de tu vida ideal. **Tómate un minuto completo** para **disfrutar** de esta experiencia. ¿Cómo se ve y se siente esta parte de la vida de tus sueños? *Escribe las palabras "¿Que tal...?" y luego describe este aspecto específico de la vida de tus sueños.*

_____
_____
_____
_____
_____

Mira profundamente en ti mismo: mira y siente quién eres en verdad: tus valores, tu esencia, tus habilidades innatas y tu corazón. ¿Qué imágenes y cualidades representan tu verdadero yo? **Afirma** tu personalidad única. *Escribe las palabras que mejor te describen:*

_____
_____
_____
_____

Terminando Mi Día _____/_____/_____

Enumera Dos cosas que te salieron bien hoy. [Incluso las cosas más pequeñas son buenas para notar]

1._____

2._____

RVRR Parte 2: ¿Liberaste tu bóveda? ¿Cómo te fue? Escribe sobre ello aquí:

_____

_____

_____

Visualiza una persona, un lugar, animal o yo superior que te haga sentir seguro y amado: **imagina** y siente esta esencia. Suaviza tu mirada o cierra los ojos y respira profundamente unas cuantas veces mientras te conectas. **Siente** el contacto amoroso, afectuoso y seguro. Permítete **fundirte** en el abrazo más relajante y reconfortante. Permítete **quedarte aquí durante un minuto completo**. ¿Hay alguna **sensación** o algún **mensaje** que te llega? ¿**Dónde** lo sientes en tu cuerpo? *Escribe las palabras que mejor describen esta experiencia:*

_____

_____

_____

Identifiqua una cosa por la que estes **agradecido** hoy: asegurate de que sea diferente de lo que identificaste ayer. [Incluso las cosas más pequeñas cuentan] Suaviza tu mirada/o cierra los ojos y respira profundamente unas cuantas veces mientras te **tomas un minuto completo** para **saborear** este sentimiento de gratitud. Escribe los detalles a continuación:

_____

_____

_____

Identifica una **necesidad** actual. Entra dentro de ti y pregúntate "¿qué necesito?" Escribe en tercera persona "tu nombre necesita":

_____

_____

_____

*Comenzando Mi Dia*_____/_____/_____

Libera algo de espacio mental. Describe brevemente el pensamiento o factor estresante más fuerte que tienes en mente: etiqueta la emoción.

_____

_____

_____

Ubicación corporal: _____ Sensación corporal: _____

RVRR Parte 1: Tómate un minuto para realizar la parte 1 de la técnica RVRR. Ahora, establece un plan sobre cuándo, dónde y cómo liberarás tu bóveda más tarde hoy. *Escribe tu plan a continuación:*

_____

_____

_____

Visualiza sólo un aspecto de la vida de tus sueños: no planifiques ni pienses estrategias sobre cómo va a suceder. **Imaginate el resultado final.** Suaviza tu mirada o cierra los ojos y respira profundamente unas cuantas veces mientras imaginas y conectas con esta parte de tu vida ideal. **Tómate un minuto completo** para **disfrutar** de esta experiencia. ¿Cómo se ve y se siente esta parte de la vida de tus sueños? *Escribe las palabras "¿Que tal...?" y luego describe este aspecto específico de la vida de tus sueños.*

_____

_____

_____

_____

_____

Mira profundamente en ti mismo: mira y siente quién eres en verdad: tus valores, tu esencia, tus habilidades innatas y tu corazón. ¿Qué imágenes y cualidades representan tu verdadero yo? **Afirma** tu personalidad única. *Escribe las palabras que mejor te describen:*

_____

_____

_____

_____

Terminando Mi Día _____/_____/_____

Enumera Dos cosas que te salieron bien hoy. [Incluso las cosas más pequeñas son buenas para notar]

1._____

2._____

RVRR Parte 2: ¿Liberaste tu bóveda? ¿Cómo te fue? Escribe sobre ello aquí:
_____
_____
_____

Visualiza una persona, un lugar, animal o yo superior que te haga sentir seguro y amado: **imagina** y siente esta esencia. Suaviza tu mirada o cierra los ojos y respira profundamente unas cuantas veces mientras te conectas. **Siente** el contacto amoroso, afectuoso y seguro. Permítete **fundirte** en el abrazo más relajante y reconfortante. Permítete **quedarte aquí durante un minuto completo**. ¿Hay alguna **sensación** o algún **mensaje** que te llega? ¿**Dónde** lo sientes en tu cuerpo? *Escribe las palabras que mejor describen esta experiencia:*
_____
_____
_____
_____

Identifiqua una cosa por la que estes **agradecido** hoy: asegurate de que sea diferente de lo que identificaste ayer. [Incluso las cosas más pequeñas cuentan] Suaviza tu mirada/o cierra los ojos y respira profundamente unas cuantas veces mientras te **tomas un minuto completo** para **saborear** este sentimiento de gratitud. Escribe los detalles a continuación:
_____
_____
_____

Identifica una **necesidad** actual. Entra dentro de ti y pregúntate "¿qué necesito?" Escribe en tercera persona "tu nombre necesita":
_____
_____
_____

*Comenzando Mi Dia*_____/_____/_____

Libera algo de espacio mental. Describe brevemente el pensamiento o factor estresante más fuerte que tienes en mente: etiqueta la emoción.

_____
_____
_____

Ubicación corporal: _____ Sensación corporal: _____

RVRR Parte 1: Tómate un minuto para realizar la parte 1 de la técnica RVRR. Ahora, establece un plan sobre cuándo, dónde y cómo liberarás tu bóveda más tarde hoy. *Escribe tu plan a continuación:*

_____
_____
_____

Visualiza sólo un aspecto de la vida de tus sueños: no planifiques ni pienses estrategias sobre cómo va a suceder. **Imaginate el resultado final.** Suaviza tu mirada o cierra los ojos y respira profundamente unas cuantas veces mientras imaginas y conectas con esta parte de tu vida ideal. **Tómate un minuto completo** para **disfrutar** de esta experiencia. ¿Cómo se ve y se siente esta parte de la vida de tus sueños? *Escribe las palabras "¿Que tal...?" y luego describe este aspecto específico de la vida de tus sueños.*

_____
_____
_____
_____
_____

Mira profundamente en ti mismo: mira y siente quién eres en verdad: tus valores, tu esencia, tus habilidades innatas y tu corazón. ¿Qué imágenes y cualidades representan tu verdadero yo? **Afirma** tu personalidad única. *Escribe las palabras que mejor te describen:*

_____
_____
_____
_____

Terminando Mi Día _____/_____/_____

Enumera Dos cosas que te salieron bien hoy. [Incluso las cosas más pequeñas son buenas para notar]

1._____
2._____

RVRR Parte 2: ¿Liberaste tu bóveda? ¿Cómo te fue? Escribe sobre ello aquí:
_____
_____
_____

Visualiza una persona, un lugar, animal o yo superior que te haga sentir seguro y amado: **imagina** y siente esta esencia. Suaviza tu mirada o cierra los ojos y respira profundamente unas cuantas veces mientras te conectas. **Siente** el contacto amoroso, afectuoso y seguro. Permítete **fundirte** en el abrazo más relajante y reconfortante. Permítete **quedarte aquí durante un minuto completo**. ¿Hay alguna **sensación** o algún **mensaje** que te llega? ¿**Dónde** lo sientes en tu cuerpo? *Escribe las palabras que mejor describen esta experiencia:*
_____
_____
_____
_____

Identifiqua una cosa por la que estes **agradecido** hoy: asegurate de que sea diferente de lo que identificaste ayer. [Incluso las cosas más pequeñas cuentan] Suaviza tu mirada/o cierra los ojos y respira profundamente unas cuantas veces mientras te **tomas un minuto completo** para **saborear** este sentimiento de gratitud. Escribe los detalles a continuación:
_____
_____
_____

Identifica una **necesidad** actual. Entra dentro de ti y pregúntate "¿qué necesito?" Escribe en tercera persona "tu nombre necesita":
_____
_____
_____

*Comenzando Mi Dia*_____/_____/_____

Libera algo de espacio mental. Describe brevemente el pensamiento o factor estresante más fuerte que tienes en mente: etiqueta la emoción.

_____

_____

_____

Ubicación corporal: _____ Sensación corporal: _____

RVRR Parte 1: Tómate un minuto para realizar la parte 1 de la técnica RVRR. Ahora, establece un plan sobre cuándo, dónde y cómo liberarás tu bóveda más tarde hoy. *Escribe tu plan a continuación:*

_____

_____

_____

Visualiza sólo un aspecto de la vida de tus sueños: no planifiques ni pienses estrategias sobre cómo va a suceder. **Imaginate el resultado final.** Suaviza tu mirada o cierra los ojos y respira profundamente unas cuantas veces mientras imaginas y conectas con esta parte de tu vida ideal. **Tómate un minuto completo** para **disfrutar** de esta experiencia. ¿Cómo se ve y se siente esta parte de la vida de tus sueños? *Escribe las palabras "¿Que tal...?" y luego describe este aspecto específico de la vida de tus sueños.*

_____

_____

_____

_____

Mira profundamente en ti mismo: mira y siente quién eres en verdad: tus valores, tu esencia, tus habilidades innatas y tu corazón. ¿Qué imágenes y cualidades representan tu verdadero yo? **Afirma** tu personalidad única. *Escribe las palabras que mejor te describen:*

_____

_____

_____

_____

Terminando Mi Día _____/_____/_____

Enumera Dos cosas que te salieron bien hoy. [Incluso las cosas más pequeñas son buenas para notar]

1._____

2._____

RVRR Parte 2: ¿Liberaste tu bóveda? ¿Cómo te fue? Escribe sobre ello aquí:
_____
_____
_____

Visualiza una persona, un lugar, animal o yo superior que te haga sentir seguro y amado: **imagina** y siente esta esencia. Suaviza tu mirada o cierra los ojos y respira profundamente unas cuantas veces mientras te conectas. **Siente** el contacto amoroso, afectuoso y seguro. Permítete **fundirte** en el abrazo más relajante y reconfortante. Permítete **quedarte aquí durante un minuto completo**. ¿Hay alguna **sensación** o algún **mensaje** que te llega? ¿**Dónde** lo sientes en tu cuerpo? *Escribe las palabras que mejor describen esta experiencia:*
_____
_____
_____

Identifiqua una cosa por la que estes **agradecido** hoy: asegurate de que sea diferente de lo que identificaste ayer. [Incluso las cosas más pequeñas cuentan] Suaviza tu mirada/o cierra los ojos y respira profundamente unas cuantas veces mientras te **tomas un minuto completo** para **saborear** este sentimiento de gratitud. Escribe los detalles a continuación:
_____
_____
_____

Identifica una **necesidad** actual. Entra dentro de ti y pregúntate "¿qué necesito?" Escribe en tercera persona "tu nombre necesita":
_____
_____
_____

*Comenzando Mi Dia*_____/_____/_____

Libera algo de espacio mental. Describe brevemente el pensamiento o factor estresante más fuerte que tienes en mente: etiqueta la emoción.

_____

_____

_____

Ubicación corporal: _____ Sensación corporal: _____

RVRR Parte 1: Tómate un minuto para realizar la parte 1 de la técnica RVRR. Ahora, establece un plan sobre cuándo, dónde y cómo liberarás tu bóveda más tarde hoy. *Escribe tu plan a continuación:*

_____

_____

_____

Visualiza sólo un aspecto de la vida de tus sueños: no planifiques ni pienses estrategias sobre cómo va a suceder. **Imaginate el resultado final.** Suaviza tu mirada o cierra los ojos y respira profundamente unas cuantas veces mientras imaginas y conectas con esta parte de tu vida ideal. **Tómate un minuto completo** para **disfrutar** de esta experiencia. ¿Cómo se ve y se siente esta parte de la vida de tus sueños? *Escribe las palabras "¿Que tal...?" y luego describe este aspecto específico de la vida de tus sueños.*

_____

_____

_____

_____

_____

Mira profundamente en ti mismo: mira y siente quién eres en verdad: tus valores, tu esencia, tus habilidades innatas y tu corazón. ¿Qué imágenes y cualidades representan tu verdadero yo? **Afirma** tu personalidad única. *Escribe las palabras que mejor te describen:*

_____

_____

_____

_____

Terminando Mi Día _____/_____/_____

Enumera Dos cosas que te salieron bien hoy. [Incluso las cosas más pequeñas son buenas para notar]

1._____

2._____

RVRR Parte 2: ¿Liberaste tu bóveda? ¿Cómo te fue? Escribe sobre ello aquí:
_____
_____
_____

Visualiza una persona, un lugar, animal o yo superior que te haga sentir seguro y amado: **imagina** y siente esta esencia. Suaviza tu mirada o cierra los ojos y respira profundamente unas cuantas veces mientras te conectas. **Siente** el contacto amoroso, afectuoso y seguro. Permítete **fundirte** en el abrazo más relajante y reconfortante. Permítete **quedarte aquí durante un minuto completo.** ¿Hay alguna **sensación** o algún **mensaje** que te llega? ¿**Dónde** lo sientes en tu cuerpo? *Escribe las palabras que mejor describen esta experiencia:*
_____
_____
_____
_____

Identifiqua una cosa por la que estes **agradecido** hoy: asegurate de que sea diferente de lo que identificaste ayer. [Incluso las cosas más pequeñas cuentan] Suaviza tu mirada/o cierra los ojos y respira profundamente unas cuantas veces mientras te **tomas un minuto completo** para **saborear** este sentimiento de gratitud. Escribe los detalles a continuación:
_____
_____
_____

Identifica una **necesidad** actual. Entra dentro de ti y pregúntate "¿qué necesito?" Escribe en tercera persona "tu nombre necesita":
_____
_____
_____

*Comenzando Mi Dia*_____/_____/_____

Libera algo de espacio mental. Describe brevemente el pensamiento o factor estresante más fuerte que tienes en mente: etiqueta la emoción.

_____

_____

_____

Ubicación corporal: _____ Sensación corporal: _____

RVRR Parte 1: Tómate un minuto para realizar la parte 1 de la técnica RVRR. Ahora, establece un plan sobre cuándo, dónde y cómo liberarás tu bóveda más tarde hoy. *Escribe tu plan a continuación:*

_____

_____

_____

Visualiza sólo un aspecto de la vida de tus sueños: no planifiques ni pienses estrategias sobre cómo va a suceder. **Imagínate el resultado final.** Suaviza tu mirada o cierra los ojos y respira profundamente unas cuantas veces mientras imaginas y conectas con esta parte de tu vida ideal. **Tómate un minuto completo** para **disfrutar** de esta experiencia. ¿Cómo se ve y se siente esta parte de la vida de tus sueños? *Escribe las palabras "¿Que tal...?" y luego describe este aspecto específico de la vida de tus sueños.*

_____

_____

_____

_____

_____

Mira profundamente en ti mismo: mira y siente quién eres en verdad: tus valores, tu esencia, tus habilidades innatas y tu corazón. ¿Qué imágenes y cualidades representan tu verdadero yo? **Afirma** tu personalidad única. *Escribe las palabras que mejor te describen:*

_____

_____

_____

_____

Terminando Mi Día _____/_____/_____

Enumera Dos cosas que te salieron bien hoy. [Incluso las cosas más pequeñas son buenas para notar]

1._____

2._____

RVRR Parte 2: ¿Liberaste tu bóveda? ¿Cómo te fue? Escribe sobre ello aquí:
_____
_____
_____

Visualiza una persona, un lugar, animal o yo superior que te haga sentir seguro y amado: **imagina** y siente esta esencia. Suaviza tu mirada o cierra los ojos y respira profundamente unas cuantas veces mientras te conectas. **Siente** el contacto amoroso, afectuoso y seguro. Permítete **fundirte** en el abrazo más relajante y reconfortante. Permítete **quedarte aquí durante un minuto completo.** ¿Hay alguna **sensación** o algún **mensaje** que te llega? ¿**Dónde** lo sientes en tu cuerpo? *Escribe las palabras que mejor describen esta experiencia:*
_____
_____
_____
_____

Identifiqua una cosa por la que estes **agradecido** hoy: asegurate de que sea diferente de lo que identificaste ayer. [Incluso las cosas más pequeñas cuentan] Suaviza tu mirada/o cierra los ojos y respira profundamente unas cuantas veces mientras te **tomas un minuto completo** para **saborear** este sentimiento de gratitud. Escribe los detalles a continuación:
_____
_____
_____

Identifica una **necesidad** actual. Entra dentro de ti y pregúntate "¿qué necesito?" Escribe en tercera persona "tu nombre necesita":
_____
_____
_____

Comenzando Mi Día _____/_____/_____

Libera algo de espacio mental. Describe brevemente el pensamiento o factor estresante más fuerte que tienes en mente: etiqueta la emoción.

_____

_____

_____

Ubicación corporal: _____ Sensación corporal: _____

RVRR Parte 1: Tómate un minuto para realizar la parte 1 de la técnica RVRR. Ahora, establece un plan sobre cuándo, dónde y cómo liberarás tu bóveda más tarde hoy. *Escribe tu plan a continuación:*

_____

_____

_____

Visualiza sólo un aspecto de la vida de tus sueños: no planifiques ni pienses estrategias sobre cómo va a suceder. **Imagínate el resultado final.** Suaviza tu mirada o cierra los ojos y respira profundamente unas cuantas veces mientras imaginas y conectas con esta parte de tu vida ideal. **Tómate un minuto completo** para **disfrutar** de esta experiencia. ¿Cómo se ve y se siente esta parte de la vida de tus sueños? *Escribe las palabras "¿Que tal...?" y luego describe este aspecto específico de la vida de tus sueños.*

_____

_____

_____

_____

Mira profundamente en ti mismo: mira y siente quién eres en verdad: tus valores, tu esencia, tus habilidades innatas y tu corazón. ¿Qué imágenes y cualidades representan tu verdadero yo? **Afirma** tu personalidad única. *Escribe las palabras que mejor te describen:*

_____

_____

_____

_____

Terminando Mi Día _____/_____/_____

Enumera Dos cosas que te salieron bien hoy. [Incluso las cosas más pequeñas son buenas para notar]

1._____

2._____

RVRR Parte 2: ¿Liberaste tu bóveda? ¿Cómo te fue? Escribe sobre ello aquí:
_____
_____
_____

Visualiza una persona, un lugar, animal o yo superior que te haga sentir seguro y amado: **imagina** y siente esta esencia. Suaviza tu mirada o cierra los ojos y respira profundamente unas cuantas veces mientras te conectas. **Siente** el contacto amoroso, afectuoso y seguro. Permítete **fundirte** en el abrazo más relajante y reconfortante. Permítete **quedarte aquí durante un minuto completo**. ¿Hay alguna **sensación** o algún **mensaje** que te llega? ¿**Dónde** lo sientes en tu cuerpo? *Escribe las palabras que mejor describen esta experiencia:*
_____
_____
_____
_____

Identifiqua una cosa por la que estes **agradecido** hoy: asegurate de que sea diferente de lo que identificaste ayer. [Incluso las cosas más pequeñas cuentan] Suaviza tu mirada/o cierra los ojos y respira profundamente unas cuantas veces mientras te **tomas un minuto completo** para **saborear** este sentimiento de gratitud. Escribe los detalles a continuación:
_____
_____
_____

Identifica una **necesidad** actual. Entra dentro de ti y pregúntate "¿qué necesito?" Escribe en tercera persona "tu nombre necesita":
_____
_____
_____

Comenzando Mi Dia _____/_____/_____

Libera algo de espacio mental. Describe brevemente el pensamiento o factor estresante más fuerte que tienes en mente: etiqueta la emoción.

_____

_____

_____

Ubicación corporal: _____ Sensación corporal: _____

RVRR Parte 1: Tómate un minuto para realizar la parte 1 de la técnica RVRR. Ahora, establece un plan sobre cuándo, dónde y cómo liberarás tu bóveda más tarde hoy. *Escribe tu plan a continuación:*

_____

_____

Visualiza sólo un aspecto de la vida de tus sueños: no planifiques ni pienses estrategias sobre cómo va a suceder. **Imaginate el resultado final.** Suaviza tu mirada o cierra los ojos y respira profundamente unas cuantas veces mientras imaginas y conectas con esta parte de tu vida ideal. **Tómate un minuto completo** para **disfrutar** de esta experiencia. ¿Cómo se ve y se siente esta parte de la vida de tus sueños? *Escribe las palabras "¿Que tal...?" y luego describe este aspecto específico de la vida de tus sueños.*

_____

_____

_____

_____

_____

Mira profundamente en ti mismo: mira y siente quién eres en verdad: tus valores, tu esencia, tus habilidades innatas y tu corazón. ¿Qué imágenes y cualidades representan tu verdadero yo? **Afirma** tu personalidad única. *Escribe las palabras que mejor te describen:*

_____

_____

_____

_____

Terminando Mi Día _____/_____/_____

Enumera Dos cosas que te salieron bien hoy. [Incluso las cosas más pequeñas son buenas para notar]

1._____

2._____

RVRR Parte 2: ¿Liberaste tu bóveda? ¿Cómo te fue? Escribe sobre ello aquí:
_____
_____
_____

Visualiza una persona, un lugar, animal o yo superior que te haga sentir seguro y amado: **imagina** y siente esta esencia. Suaviza tu mirada o cierra los ojos y respira profundamente unas cuantas veces mientras te conectas. **Siente** el contacto amoroso, afectuoso y seguro. Permítete **fundirte** en el abrazo más relajante y reconfortante. Permítete **quedarte aquí durante un minuto completo**. ¿Hay alguna **sensación** o algún **mensaje** que te llega? ¿**Dónde** lo sientes en tu cuerpo? *Escribe las palabras que mejor describen esta experiencia:*
_____
_____
_____
_____

Identifiqua una cosa por la que estes **agradecido** hoy: asegurate de que sea diferente de lo que identificaste ayer. [Incluso las cosas más pequeñas cuentan] Suaviza tu mirada/o cierra los ojos y respira profundamente unas cuantas veces mientras te **tomas un minuto completo** para **saborear** este sentimiento de gratitud. Escribe los detalles a continuación:
_____
_____
_____

Identifica una **necesidad** actual. Entra dentro de ti y pregúntate "¿qué necesito?" Escribe en tercera persona "tu nombre necesita":
_____
_____
_____

*Comenzando Mi Dia*_____/_____/_____

Libera algo de espacio mental. Describe brevemente el pensamiento o factor estresante más fuerte que tienes en mente: etiqueta la emoción.

_____

_____

_____

Ubicación corporal: _____ Sensación corporal: _____

RVRR Parte 1: Tómate un minuto para realizar la parte 1 de la técnica RVRR. Ahora, establece un plan sobre cuándo, dónde y cómo liberarás tu bóveda más tarde hoy. *Escribe tu plan a continuación:*

_____

_____

_____

Visualiza sólo un aspecto de la vida de tus sueños: no planifiques ni pienses estrategias sobre cómo va a suceder. **Imaginate el resultado final.** Suaviza tu mirada o cierra los ojos y respira profundamente unas cuantas veces mientras imaginas y conectas con esta parte de tu vida ideal. **Tómate un minuto completo** para **disfrutar** de esta experiencia. ¿Cómo se ve y se siente esta parte de la vida de tus sueños? *Escribe las palabras "¿Que tal...?" y luego describe este aspecto específico de la vida de tus sueños.*

_____

_____

_____

_____

_____

Mira profundamente en ti mismo: mira y siente quién eres en verdad: tus valores, tu esencia, tus habilidades innatas y tu corazón. ¿Qué imágenes y cualidades representan tu verdadero yo? **Afirma** tu personalidad única. *Escribe las palabras que mejor te describen:*

_____

_____

_____

_____

_____

Terminando Mi Día _____/_____/_____

Enumera Dos cosas que te salieron bien hoy. [Incluso las cosas más pequeñas son buenas para notar]

1._____

2._____

RVRR Parte 2: ¿Liberaste tu bóveda? ¿Cómo te fue? Escribe sobre ello aquí:
_____
_____
_____

Visualiza una persona, un lugar, animal o yo superior que te haga sentir seguro y amado: **imagina** y siente esta esencia. Suaviza tu mirada o cierra los ojos y respira profundamente unas cuantas veces mientras te conectas. **Siente** el contacto amoroso, afectuoso y seguro. Permítete **fundirte** en el abrazo más relajante y reconfortante. Permítete **quedarte aquí durante un minuto completo**. ¿Hay alguna **sensación** o algún **mensaje** que te llega? ¿**Dónde** lo sientes en tu cuerpo? *Escribe las palabras que mejor describen esta experiencia:*
_____
_____
_____
_____

Identifiqua una cosa por la que estes **agradecido** hoy: asegurate de que sea diferente de lo que identificaste ayer. [Incluso las cosas más pequeñas cuentan] Suaviza tu mirada/o cierra los ojos y respira profundamente unas cuantas veces mientras te **tomas un minuto completo** para **saborear** este sentimiento de gratitud. Escribe los detalles a continuación:
_____
_____
_____

Identifica una **necesidad** actual. Entra dentro de ti y pregúntate "¿qué necesito?" Escribe en tercera persona "tu nombre necesita":
_____
_____
_____

*Comenzando Mi Dia*_____/_____/_____

Libera algo de espacio mental. Describe brevemente el pensamiento o factor estresante más fuerte que tienes en mente: etiqueta la emoción.

_____

_____

_____

Ubicación corporal: _____ Sensación corporal: _____

RVRR Parte 1: Tómate un minuto para realizar la parte 1 de la técnica RVRR. Ahora, establece un plan sobre cuándo, dónde y cómo liberarás tu bóveda más tarde hoy. *Escribe tu plan a continuación:*

_____

_____

_____

Visualiza sólo un aspecto de la vida de tus sueños: no planifiques ni pienses estrategias sobre cómo va a suceder. **Imagínate el resultado final**. Suaviza tu mirada o cierra los ojos y respira profundamente unas cuantas veces mientras imaginas y conectas con esta parte de tu vida ideal. **Tómate un minuto completo** para **disfrutar** de esta experiencia. ¿Cómo se ve y se siente esta parte de la vida de tus sueños? *Escribe las palabras "¿Que tal...?" y luego describe este aspecto específico de la vida de tus sueños.*

_____

_____

_____

_____

_____

Mira profundamente en ti mismo: mira y siente quién eres en verdad: tus valores, tu esencia, tus habilidades innatas y tu corazón. ¿Qué imágenes y cualidades representan tu verdadero yo? **Afirma** tu personalidad única. *Escribe las palabras que mejor te describen:*

_____

_____

_____

_____

Terminando Mi Día _____/_____/_____

Enumera Dos cosas que te salieron bien hoy. [Incluso las cosas más pequeñas son buenas para notar]

1._____

2._____

RVRR Parte 2: ¿Liberaste tu bóveda? ¿Cómo te fue? Escribe sobre ello aquí:
_____
_____
_____

Visualiza una persona, un lugar, animal o yo superior que te haga sentir seguro y amado: **imagina** y siente esta esencia. Suaviza tu mirada o cierra los ojos y respira profundamente unas cuantas veces mientras te conectas. **Siente** el contacto amoroso, afectuoso y seguro. Permítete **fundirte** en el abrazo más relajante y reconfortante. Permítete **quedarte aquí durante un minuto completo**. ¿Hay alguna **sensación** o algún **mensaje** que te llega? ¿**Dónde** lo sientes en tu cuerpo? *Escribe las palabras que mejor describen esta experiencia:*
_____
_____
_____

Identifiqua una cosa por la que estes **agradecido** hoy: asegurate de que sea diferente de lo que identificaste ayer. [Incluso las cosas más pequeñas cuentan] Suaviza tu mirada/o cierra los ojos y respira profundamente unas cuantas veces mientras te **tomas un minuto completo** para **saborear** este sentimiento de gratitud. Escribe los detalles a continuación:
_____
_____
_____

Identifica una **necesidad** actual. Entra dentro de ti y pregúntate "¿qué necesito?" Escribe en tercera persona "tu nombre necesita":
_____
_____
_____

*Comenzando Mi Dia*_____/_____/_____

Libera algo de espacio mental. Describe brevemente el pensamiento o factor estresante más fuerte que tienes en mente: etiqueta la emoción.

_____

_____

_____

Ubicación corporal: _____   Sensación corporal: _____

RVRR Parte 1: Tómate un minuto para realizar la parte 1 de la técnica RVRR. Ahora, establece un plan sobre cuándo, dónde y cómo liberarás tu bóveda más tarde hoy. *Escribe tu plan a continuación:*

_____

_____

_____

Visualiza sólo un aspecto de la vida de tus sueños: no planifiques ni pienses estrategias sobre cómo va a suceder. **Imaginate el resultado final**. Suaviza tu mirada o cierra los ojos y respira profundamente unas cuantas veces mientras imaginas y conectas con esta parte de tu vida ideal. **Tómate un minuto completo** para **disfrutar** de esta experiencia. ¿Cómo se ve y se siente esta parte de la vida de tus sueños? *Escribe las palabras "¿Que tal...?" y luego describe este aspecto específico de la vida de tus sueños.*

_____

_____

_____

_____

_____

Mira profundamente en ti mismo: mira y siente quién eres en verdad: tus valores, tu esencia, tus habilidades innatas y tu corazón. ¿Qué imágenes y cualidades representan tu verdadero yo? **Afirma** tu personalidad única. *Escribe las palabras que mejor te describen:*

_____

_____

_____

_____

Terminando Mi Día _____/_____/_____

Enumera Dos cosas que te salieron bien hoy. [Incluso las cosas más pequeñas son buenas para notar]

1._____

2._____

RVRR Parte 2: ¿Liberaste tu bóveda? ¿Cómo te fue? Escribe sobre ello aquí:
_____
_____
_____

Visualiza una persona, un lugar, animal o yo superior que te haga sentir seguro y amado: **imagina** y siente esta esencia. Suaviza tu mirada o cierra los ojos y respira profundamente unas cuantas veces mientras te conectas. **Siente** el contacto amoroso, afectuoso y seguro. Permítete **fundirte** en el abrazo más relajante y reconfortante. Permítete **quedarte aquí durante un minuto completo**. ¿Hay alguna **sensación** o algún **mensaje** que te llega? ¿**Dónde** lo sientes en tu cuerpo? *Escribe las palabras que mejor describen esta experiencia:*
_____
_____
_____
_____

Identifiqua una cosa por la que estes **agradecido** hoy: asegurate de que sea diferente de lo que identificaste ayer. [Incluso las cosas más pequeñas cuentan] Suaviza tu mirada/o cierra los ojos y respira profundamente unas cuantas veces mientras te **tomas un minuto completo** para **saborear** este sentimiento de gratitud. Escribe los detalles a continuación:
_____
_____
_____

Identifica una **necesidad** actual. Entra dentro de ti y pregúntate "¿qué necesito?" Escribe en tercera persona "tu nombre necesita":
_____
_____
_____

*Comenzando Mi Dia*_____/_____/_____

Libera algo de espacio mental. Describe brevemente el pensamiento o factor estresante más fuerte que tienes en mente: etiqueta la emoción.

_____

_____

_____

Ubicación corporal: _____ Sensación corporal: _____

RVRR Parte 1: Tómate un minuto para realizar la parte 1 de la técnica RVRR. Ahora, establece un plan sobre cuándo, dónde y cómo liberarás tu bóveda más tarde hoy. *Escribe tu plan a continuación:*

_____

_____

_____

Visualiza sólo un aspecto de la vida de tus sueños: no planifiques ni pienses estrategias sobre cómo va a suceder. **Imagínate el resultado final**. Suaviza tu mirada o cierra los ojos y respira profundamente unas cuantas veces mientras imaginas y conectas con esta parte de tu vida ideal. **Tómate un minuto completo** para **disfrutar** de esta experiencia. ¿Cómo se ve y se siente esta parte de la vida de tus sueños? *Escribe las palabras "¿Que tal...?" y luego describe este aspecto específico de la vida de tus sueños.*

_____

_____

_____

_____

_____

Mira profundamente en ti mismo: mira y siente quién eres en verdad: tus valores, tu esencia, tus habilidades innatas y tu corazón. ¿Qué imágenes y cualidades representan tu verdadero yo? **Afirma** tu personalidad única. *Escribe las palabras que mejor te describen:*

_____

_____

_____

_____

_____

Terminando Mi Día _____/_____/_____

Enumera Dos cosas que te salieron bien hoy. [Incluso las cosas más pequeñas son buenas para notar]

1._____

2._____

RVRR Parte 2: ¿Liberaste tu bóveda? ¿Cómo te fue? Escribe sobre ello aquí:
_____
_____
_____

Visualiza una persona, un lugar, animal o yo superior que te haga sentir seguro y amado: **imagina** y siente esta esencia. Suaviza tu mirada o cierra los ojos y respira profundamente unas cuantas veces mientras te conectas. **Siente** el contacto amoroso, afectuoso y seguro. Permítete **fundirte** en el abrazo más relajante y reconfortante. Permítete **quedarte aquí durante un minuto completo.** ¿Hay alguna **sensación** o algún **mensaje** que te llega? ¿**Dónde** lo sientes en tu cuerpo? *Escribe las palabras que mejor describen esta experiencia:*
_____
_____
_____

Identifiqua una cosa por la que estes **agradecido** hoy: asegurate de que sea diferente de lo que identificaste ayer. [Incluso las cosas más pequeñas cuentan] Suaviza tu mirada/o cierra los ojos y respira profundamente unas cuantas veces mientras te **tomas un minuto completo** para **saborear** este sentimiento de gratitud. Escribe los detalles a continuación:
_____
_____
_____

Identifica una **necesidad** actual. Entra dentro de ti y pregúntate "¿qué necesito?" Escribe en tercera persona "tu nombre necesita":
_____
_____
_____

*Comenzando Mi Dia*_____/_____/_____

Libera algo de espacio mental. Describe brevemente el pensamiento o factor estresante más fuerte que tienes en mente: etiqueta la emoción.

_____
_____
_____

Ubicación corporal: _____ Sensación corporal: _____

RVRR Parte 1: Tómate un minuto para realizar la parte 1 de la técnica RVRR. Ahora, establece un plan sobre cuándo, dónde y cómo liberarás tu bóveda más tarde hoy. *Escribe tu plan a continuación:*

_____
_____
_____

Visualiza sólo un aspecto de la vida de tus sueños: no planifiques ni pienses estrategias sobre cómo va a suceder. **Imaginate el resultado final.** Suaviza tu mirada o cierra los ojos y respira profundamente unas cuantas veces mientras imaginas y conectas con esta parte de tu vida ideal. **Tómate un minuto completo** para **disfrutar** de esta experiencia. ¿Cómo se ve y se siente esta parte de la vida de tus sueños? *Escribe las palabras "¿Que tal...?" y luego describe este aspecto específico de la vida de tus sueños.*

_____
_____
_____
_____
_____

Mira profundamente en ti mismo: mira y siente quién eres en verdad: tus valores, tu esencia, tus habilidades innatas y tu corazón. ¿Qué imágenes y cualidades representan tu verdadero yo? **Afirma** tu personalidad única. *Escribe las palabras que mejor te describen:*

_____
_____
_____
_____

Terminando Mi Día _____/_____/_____

Enumera Dos cosas que te salieron bien hoy. [Incluso las cosas más pequeñas son buenas para notar]

1._____

2._____

RVRR Parte 2: ¿Liberaste tu bóveda? ¿Cómo te fue? Escribe sobre ello aquí:
_____
_____
_____

Visualiza una persona, un lugar, animal o yo superior que te haga sentir seguro y amado: **imagina** y siente esta esencia. Suaviza tu mirada o cierra los ojos y respira profundamente unas cuantas veces mientras te conectas. **Siente** el contacto amoroso, afectuoso y seguro. Permítete **fundirte** en el abrazo más relajante y reconfortante. Permítete **quedarte aquí durante un minuto completo**. ¿Hay alguna **sensación** o algún **mensaje** que te llega? ¿**Dónde** lo sientes en tu cuerpo? *Escribe las palabras que mejor describen esta experiencia:*
_____
_____
_____
_____

Identifiqua una cosa por la que estes **agradecido** hoy: asegurate de que sea diferente de lo que identificaste ayer. [Incluso las cosas más pequeñas cuentan] Suaviza tu mirada/o cierra los ojos y respira profundamente unas cuantas veces mientras te **tomas un minuto completo** para **saborear** este sentimiento de gratitud. Escribe los detalles a continuación:
_____
_____
_____

Identifica una **necesidad** actual. Entra dentro de ti y pregúntate "¿qué necesito?" Escribe en tercera persona "tu nombre necesita":
_____
_____
_____

*Comenzando Mi Dia*_____/_____/_____

Libera algo de espacio mental. Describe brevemente el pensamiento o factor estresante más fuerte que tienes en mente: etiqueta la emoción.

_____
_____
_____

Ubicación corporal: _____ Sensación corporal: _____

RVRR Parte 1: Tómate un minuto para realizar la parte 1 de la técnica RVRR. Ahora, establece un plan sobre cuándo, dónde y cómo liberarás tu bóveda más tarde hoy. *Escribe tu plan a continuación:*

_____
_____
_____

Visualiza sólo un aspecto de la vida de tus sueños: no planifiques ni pienses estrategias sobre cómo va a suceder. **Imagínate el resultado final**. Suaviza tu mirada o cierra los ojos y respira profundamente unas cuantas veces mientras imaginas y conectas con esta parte de tu vida ideal. **Tómate un minuto completo** para **disfrutar** de esta experiencia. ¿Cómo se ve y se siente esta parte de la vida de tus sueños? *Escribe las palabras "¿Que tal...?" y luego describe este aspecto específico de la vida de tus sueños.*

_____
_____
_____
_____
_____

Mira profundamente en ti mismo: mira y siente quién eres en verdad: tus valores, tu esencia, tus habilidades innatas y tu corazón. ¿Qué imágenes y cualidades representan tu verdadero yo? **Afirma** tu personalidad única. *Escribe las palabras que mejor te describen:*

_____
_____
_____
_____

Terminando Mi Día _____/_____/_____

Enumera Dos cosas que te salieron bien hoy. [Incluso las cosas más pequeñas son buenas para notar]

1._____
2._____

RVRR Parte 2: ¿Liberaste tu bóveda? ¿Cómo te fue? Escribe sobre ello aquí:
_____
_____
_____

Visualiza una persona, un lugar, animal o yo superior que te haga sentir seguro y amado: **imagina** y siente esta esencia. Suaviza tu mirada o cierra los ojos y respira profundamente unas cuantas veces mientras te conectas. **Siente** el contacto amoroso, afectuoso y seguro. Permítete **fundirte** en el abrazo más relajante y reconfortante. Permítete **quedarte aquí durante un minuto completo**. ¿Hay alguna **sensación** o algún **mensaje** que te llega? ¿**Dónde** lo sientes en tu cuerpo? *Escribe las palabras que mejor describen esta experiencia:*
_____
_____
_____
_____

Identifiqua una cosa por la que estes **agradecido** hoy: asegurate de que sea diferente de lo que identificaste ayer. [Incluso las cosas más pequeñas cuentan] Suaviza tu mirada/o cierra los ojos y respira profundamente unas cuantas veces mientras te **tomas un minuto completo** para **saborear** este sentimiento de gratitud. Escribe los detalles a continuación:
_____
_____
_____

Identifica una **necesidad** actual. Entra dentro de ti y pregúntate "¿qué necesito?" Escribe en tercera persona "tu nombre necesita":
_____
_____
_____

*Comenzando Mi Dia*_____/_____/_____

Libera algo de espacio mental. Describe brevemente el pensamiento o factor estresante más fuerte que tienes en mente: etiqueta la emoción.

_____

_____

Ubicación corporal: _____ Sensación corporal: _____

RVRR Parte 1: Tómate un minuto para realizar la parte 1 de la técnica RVRR. Ahora, establece un plan sobre cuándo, dónde y cómo liberarás tu bóveda más tarde hoy. *Escribe tu plan a continuación:*

_____

_____

Visualiza sólo un aspecto de la vida de tus sueños: no planifiques ni pienses estrategias sobre cómo va a suceder. **Imaginate el resultado final.** Suaviza tu mirada o cierra los ojos y respira profundamente unas cuantas veces mientras imaginas y conectas con esta parte de tu vida ideal. **Tómate un minuto completo** para **disfrutar** de esta experiencia. ¿Cómo se ve y se siente esta parte de la vida de tus sueños? *Escribe las palabras "¿Que tal...?" y luego describe este aspecto específico de la vida de tus sueños.*

_____

_____

_____

_____

Mira profundamente en ti mismo: mira y siente quién eres en verdad: tus valores, tu esencia, tus habilidades innatas y tu corazón. ¿Qué imágenes y cualidades representan tu verdadero yo? **Afirma** tu personalidad única. *Escribe las palabras que mejor te describen:*

_____

_____

_____

_____

Terminando Mi Día _____/_____/_____

Enumera Dos cosas que te salieron bien hoy. [Incluso las cosas más pequeñas son buenas para notar]

1._____

2._____

RVRR Parte 2: ¿Liberaste tu bóveda? ¿Cómo te fue? Escribe sobre ello aquí:
_____
_____
_____

Visualiza una persona, un lugar, animal o yo superior que te haga sentir seguro y amado: **imagina** y siente esta esencia. Suaviza tu mirada o cierra los ojos y respira profundamente unas cuantas veces mientras te conectas. **Siente** el contacto amoroso, afectuoso y seguro. Permítete **fundirte** en el abrazo más relajante y reconfortante. Permítete **quedarte aquí durante un minuto completo**. ¿Hay alguna **sensación** o algún **mensaje** que te llega? ¿**Dónde** lo sientes en tu cuerpo? *Escribe las palabras que mejor describen esta experiencia:*
_____
_____
_____
_____

Identifiqua una cosa por la que estes **agradecido** hoy: asegurate de que sea diferente de lo que identificaste ayer. [Incluso las cosas más pequeñas cuentan] Suaviza tu mirada/o cierra los ojos y respira profundamente unas cuantas veces mientras te **tomas un minuto completo** para **saborear** este sentimiento de gratitud. Escribe los detalles a continuación:
_____
_____
_____

Identifica una **necesidad** actual. Entra dentro de ti y pregúntate "¿qué necesito?" Escribe en tercera persona "tu nombre necesita":
_____
_____
_____

Comenzando Mi Día _____/_____/_____

Libera algo de espacio mental. Describe brevemente el pensamiento o factor estresante más fuerte que tienes en mente: etiqueta la emoción.

_____
_____
_____

Ubicación corporal: _____ Sensación corporal: _____

RVRR Parte 1: Tómate un minuto para realizar la parte 1 de la técnica RVRR. Ahora, establece un plan sobre cuándo, dónde y cómo liberarás tu bóveda más tarde hoy. *Escribe tu plan a continuación:*

_____
_____
_____

Visualiza sólo un aspecto de la vida de tus sueños: no planifiques ni pienses estrategias sobre cómo va a suceder. **Imagínate el resultado final.** Suaviza tu mirada o cierra los ojos y respira profundamente unas cuantas veces mientras imaginas y conectas con esta parte de tu vida ideal. **Tómate un minuto completo** para **disfrutar** de esta experiencia. ¿Cómo se ve y se siente esta parte de la vida de tus sueños? *Escribe las palabras "¿Que tal...?" y luego describe este aspecto específico de la vida de tus sueños.*

_____
_____
_____
_____
_____

Mira profundamente en ti mismo: mira y siente quién eres en verdad: tus valores, tu esencia, tus habilidades innatas y tu corazón. ¿Qué imágenes y cualidades representan tu verdadero yo? **Afirma** tu personalidad única. *Escribe las palabras que mejor te describen:*

_____
_____
_____
_____

Terminando Mi Día _____/_____/_____

Enumera Dos cosas que te salieron bien hoy. [Incluso las cosas más pequeñas son buenas para notar]

1._____

2._____

RVRR Parte 2: ¿Liberaste tu bóveda? ¿Cómo te fue? Escribe sobre ello aquí:
_____
_____
_____

Visualiza una persona, un lugar, animal o yo superior que te haga sentir seguro y amado: **imagina** y siente esta esencia. Suaviza tu mirada o cierra los ojos y respira profundamente unas cuantas veces mientras te conectas. **Siente** el contacto amoroso, afectuoso y seguro. Permítete **fundirte** en el abrazo más relajante y reconfortante. Permítete **quedarte aquí durante un minuto completo**. ¿Hay alguna **sensación** o algún **mensaje** que te llega? ¿**Dónde** lo sientes en tu cuerpo? *Escribe las palabras que mejor describen esta experiencia:*
_____
_____
_____
_____

Identifiqua una cosa por la que estes **agradecido** hoy: asegurate de que sea diferente de lo que identificaste ayer. [Incluso las cosas más pequeñas cuentan] Suaviza tu mirada/o cierra los ojos y respira profundamente unas cuantas veces mientras te **tomas un minuto completo** para **saborear** este sentimiento de gratitud. Escribe los detalles a continuación:
_____
_____
_____

Identifica una **necesidad** actual. Entra dentro de ti y pregúntate "¿qué necesito?" Escribe en tercera persona "tu nombre necesita":
_____
_____
_____

*Comenzando Mi Dia*_____/_____/_____

Libera algo de espacio mental. Describe brevemente el pensamiento o factor estresante más fuerte que tienes en mente: etiqueta la emoción.

_____

_____

_____

Ubicación corporal: _____ Sensación corporal: _____

RVRR Parte 1: Tómate un minuto para realizar la parte 1 de la técnica RVRR. Ahora, establece un plan sobre cuándo, dónde y cómo liberarás tu bóveda más tarde hoy. *Escribe tu plan a continuación:*

_____

_____

_____

Visualiza sólo un aspecto de la vida de tus sueños: no planifiques ni pienses estrategias sobre cómo va a suceder. **Imagínate el resultado final.** Suaviza tu mirada o cierra los ojos y respira profundamente unas cuantas veces mientras imaginas y conectas con esta parte de tu vida ideal. **Tómate un minuto completo** para **disfrutar** de esta experiencia. ¿Cómo se ve y se siente esta parte de la vida de tus sueños? *Escribe las palabras "¿Que tal...?" y luego describe este aspecto específico de la vida de tus sueños.*

_____

_____

_____

_____

_____

Mira profundamente en ti mismo: mira y siente quién eres en verdad: tus valores, tu esencia, tus habilidades innatas y tu corazón. ¿Qué imágenes y cualidades representan tu verdadero yo? **Afirma** tu personalidad única. *Escribe las palabras que mejor te describen:*

_____

_____

_____

Terminando Mi Día _____/_____/_____

Enumera Dos cosas que te salieron bien hoy. [Incluso las cosas más pequeñas son buenas para notar]

1._____

2._____

RVRR Parte 2: ¿Liberaste tu bóveda? ¿Cómo te fue? Escribe sobre ello aquí:
_____
_____
_____

Visualiza una persona, un lugar, animal o yo superior que te haga sentir seguro y amado: **imagina** y siente esta esencia. Suaviza tu mirada o cierra los ojos y respira profundamente unas cuantas veces mientras te conectas. **Siente** el contacto amoroso, afectuoso y seguro. Permítete **fundirte** en el abrazo más relajante y reconfortante. Permítete **quedarte aquí durante un minuto completo**. ¿Hay alguna **sensación** o algún **mensaje** que te llega? ¿**Dónde** lo sientes en tu cuerpo? *Escribe las palabras que mejor describen esta experiencia:*
_____
_____
_____
_____

Identifiqua una cosa por la que estes **agradecido** hoy: asegurate de que sea diferente de lo que identificaste ayer. [Incluso las cosas más pequeñas cuentan] Suaviza tu mirada/o cierra los ojos y respira profundamente unas cuantas veces mientras te **tomas un minuto completo** para **saborear** este sentimiento de gratitud. Escribe los detalles a continuación:
_____
_____
_____

Identifica una **necesidad** actual. Entra dentro de ti y pregúntate "¿qué necesito?" Escribe en tercera persona "tu nombre necesita":
_____
_____
_____

*Comenzando Mi Dia*_____/_____/_____

Libera algo de espacio mental. Describe brevemente el pensamiento o factor estresante más fuerte que tienes en mente: etiqueta la emoción.

_____

_____

_____

Ubicación corporal: _____ Sensación corporal: _____

RVRR Parte 1: Tómate un minuto para realizar la parte 1 de la técnica RVRR. Ahora, establece un plan sobre cuándo, dónde y cómo liberarás tu bóveda más tarde hoy. *Escribe tu plan a continuación:*

_____

_____

_____

Visualiza sólo un aspecto de la vida de tus sueños: no planifiques ni pienses estrategias sobre cómo va a suceder. **Imaginate el resultado final.** Suaviza tu mirada o cierra los ojos y respira profundamente unas cuantas veces mientras imaginas y conectas con esta parte de tu vida ideal. **Tómate un minuto completo** para **disfrutar** de esta experiencia. ¿Cómo se ve y se siente esta parte de la vida de tus sueños? *Escribe las palabras "¿Que tal...?" y luego describe este aspecto específico de la vida de tus sueños.*

_____

_____

_____

_____

_____

Mira profundamente en ti mismo: mira y siente quién eres en verdad: tus valores, tu esencia, tus habilidades innatas y tu corazón. ¿Qué imágenes y cualidades representan tu verdadero yo? **Afirma** tu personalidad única. *Escribe las palabras que mejor te describen:*

_____

_____

_____

_____

Terminando Mi Día _____/_____/_____

Enumera Dos cosas que te salieron bien hoy. [Incluso las cosas más pequeñas son buenas para notar]

1._____

2._____

RVRR Parte 2: ¿Liberaste tu bóveda? ¿Cómo te fue? Escribe sobre ello aquí:
_____
_____
_____

Visualiza una persona, un lugar, animal o yo superior que te haga sentir seguro y amado: **imagina** y siente esta esencia. Suaviza tu mirada o cierra los ojos y respira profundamente unas cuantas veces mientras te conectas. **Siente** el contacto amoroso, afectuoso y seguro. Permítete **fundirte** en el abrazo más relajante y reconfortante. Permítete **quedarte aquí durante un minuto completo**. ¿Hay alguna **sensación** o algún **mensaje** que te llega? ¿**Dónde** lo sientes en tu cuerpo? *Escribe las palabras que mejor describen esta experiencia:*
_____
_____
_____
_____

Identifiqua una cosa por la que estes **agradecido** hoy: asegurate de que sea diferente de lo que identificaste ayer. [Incluso las cosas más pequeñas cuentan] Suaviza tu mirada/o cierra los ojos y respira profundamente unas cuantas veces mientras te **tomas un minuto completo** para **saborear** este sentimiento de gratitud. Escribe los detalles a continuación:
_____
_____
_____

Identifica una **necesidad** actual. Entra dentro de ti y pregúntate "¿qué necesito?" Escribe en tercera persona "tu nombre necesita":
_____
_____
_____

*Comenzando Mi Dia*_____/_____/_____

Libera algo de espacio mental. Describe brevemente el pensamiento o factor estresante más fuerte que tienes en mente: etiqueta la emoción.

_____
_____
_____

Ubicación corporal: _____ Sensación corporal: _____

RVRR Parte 1: Tómate un minuto para realizar la parte 1 de la técnica RVRR. Ahora, establece un plan sobre cuándo, dónde y cómo liberarás tu bóveda más tarde hoy. *Escribe tu plan a continuación:*

_____
_____
_____

Visualiza sólo un aspecto de la vida de tus sueños: no planifiques ni pienses estrategias sobre cómo va a suceder. **Imagínate el resultado final**. Suaviza tu mirada o cierra los ojos y respira profundamente unas cuantas veces mientras imaginas y conectas con esta parte de tu vida ideal. **Tómate un minuto completo** para **disfrutar** de esta experiencia. ¿Cómo se ve y se siente esta parte de la vida de tus sueños? *Escribe las palabras "¿Que tal...?" y luego describe este aspecto específico de la vida de tus sueños.*

_____
_____
_____
_____
_____

Mira profundamente en ti mismo: mira y siente quién eres en verdad: tus valores, tu esencia, tus habilidades innatas y tu corazón. ¿Qué imágenes y cualidades representan tu verdadero yo? **Afirma** tu personalidad única. *Escribe las palabras que mejor te describen:*

_____
_____
_____
_____

Terminando Mi Día _____/_____/_____

Enumera Dos cosas que te salieron bien hoy. [Incluso las cosas más pequeñas son buenas para notar]

1._____

2._____

RVRR Parte 2: ¿Liberaste tu bóveda? ¿Cómo te fue? Escribe sobre ello aquí:

_____

_____

_____

Visualiza una persona, un lugar, animal o yo superior que te haga sentir seguro y amado: **imagina** y siente esta esencia. Suaviza tu mirada o cierra los ojos y respira profundamente unas cuantas veces mientras te conectas. **Siente** el contacto amoroso, afectuoso y seguro. Permítete **fundirte** en el abrazo más relajante y reconfortante. Permítete **quedarte aquí durante un minuto completo**. ¿Hay alguna **sensación** o algún **mensaje** que te llega? ¿**Dónde** lo sientes en tu cuerpo? *Escribe las palabras que mejor describen esta experiencia:*

_____

_____

_____

Identifiqua una cosa por la que estes **agradecido** hoy: asegurate de que sea diferente de lo que identificaste ayer. [Incluso las cosas más pequeñas cuentan] Suaviza tu mirada/o cierra los ojos y respira profundamente unas cuantas veces mientras te **tomas un minuto completo** para **saborear** este sentimiento de gratitud. Escribe los detalles a continuación:

_____

_____

_____

Identifica una **necesidad** actual. Entra dentro de ti y pregúntate "¿qué necesito?" Escribe en tercera persona "tu nombre necesita":

_____

_____

_____

*Comenzando Mi Dia*_____/_____/_____

Libera algo de espacio mental. Describe brevemente el pensamiento o factor estresante más fuerte que tienes en mente: etiqueta la emoción.

_____

_____

_____

Ubicación corporal: _____ Sensación corporal: _____

RVRR Parte 1: Tómate un minuto para realizar la parte 1 de la técnica RVRR. Ahora, establece un plan sobre cuándo, dónde y cómo liberarás tu bóveda más tarde hoy. *Escribe tu plan a continuación:*

_____

_____

_____

Visualiza sólo un aspecto de la vida de tus sueños: no planifiques ni pienses estrategias sobre cómo va a suceder. **Imagínate el resultado final.** Suaviza tu mirada o cierra los ojos y respira profundamente unas cuantas veces mientras imaginas y conectas con esta parte de tu vida ideal. **Tómate un minuto completo** para **disfrutar** de esta experiencia. ¿Cómo se ve y se siente esta parte de la vida de tus sueños? *Escribe las palabras "¿Que tal…?" y luego describe este aspecto específico de la vida de tus sueños.*

_____

_____

_____

_____

_____

Mira profundamente en ti mismo: mira y siente quién eres en verdad: tus valores, tu esencia, tus habilidades innatas y tu corazón. ¿Qué imágenes y cualidades representan tu verdadero yo? **Afirma** tu personalidad única. *Escribe las palabras que mejor te describen:*

_____

_____

_____

_____

Terminando Mi Día _____/_____/_____

Enumera Dos cosas que te salieron bien hoy. [Incluso las cosas más pequeñas son buenas para notar]

1._____

2._____

RVRR Parte 2: ¿Liberaste tu bóveda? ¿Cómo te fue? Escribe sobre ello aquí:
_____
_____
_____

Visualiza una persona, un lugar, animal o yo superior que te haga sentir seguro y amado: **imagina** y siente esta esencia. Suaviza tu mirada o cierra los ojos y respira profundamente unas cuantas veces mientras te conectas. **Siente** el contacto amoroso, afectuoso y seguro. Permítete **fundirte** en el abrazo más relajante y reconfortante. Permítete **quedarte aquí durante un minuto completo**. ¿Hay alguna **sensación** o algún **mensaje** que te llega? ¿**Dónde** lo sientes en tu cuerpo? *Escribe las palabras que mejor describen esta experiencia:*
_____
_____
_____
_____

Identifiqua una cosa por la que estes **agradecido** hoy: asegurate de que sea diferente de lo que identificaste ayer. [Incluso las cosas más pequeñas cuentan] Suaviza tu mirada/o cierra los ojos y respira profundamente unas cuantas veces mientras te **tomas un minuto completo** para **saborear** este sentimiento de gratitud. Escribe los detalles a continuación:
_____
_____
_____

Identifica una **necesidad** actual. Entra dentro de ti y pregúntate "¿qué necesito?" Escribe en tercera persona "tu nombre necesita":
_____
_____
_____

*Comenzando Mi Dia*_____/_____/_____

Libera algo de espacio mental. Describe brevemente el pensamiento o factor estresante más fuerte que tienes en mente: etiqueta la emoción.

_____

_____

Ubicación corporal: _____ Sensación corporal: _____

RVRR Parte 1: Tómate un minuto para realizar la parte 1 de la técnica RVRR. Ahora, establece un plan sobre cuándo, dónde y cómo liberarás tu bóveda más tarde hoy. *Escribe tu plan a continuación:*

_____

_____

Visualiza sólo un aspecto de la vida de tus sueños: no planifiques ni pienses estrategias sobre cómo va a suceder. **Imagínate el resultado final.** Suaviza tu mirada o cierra los ojos y respira profundamente unas cuantas veces mientras imaginas y conectas con esta parte de tu vida ideal. **Tómate un minuto completo** para **disfrutar** de esta experiencia. ¿Cómo se ve y se siente esta parte de la vida de tus sueños? *Escribe las palabras "¿Que tal...?" y luego describe este aspecto específico de la vida de tus sueños.*

_____

_____

_____

_____

Mira profundamente en ti mismo: mira y siente quién eres en verdad: tus valores, tu esencia, tus habilidades innatas y tu corazón. ¿Qué imágenes y cualidades representan tu verdadero yo? **Afirma** tu personalidad única. *Escribe las palabras que mejor te describen:*

_____

_____

_____

_____

Terminando Mi Día _____/_____/_____

Enumera Dos cosas que te salieron bien hoy. [Incluso las cosas más pequeñas son buenas para notar]

1._____

2._____

RVRR Parte 2: ¿Liberaste tu bóveda? ¿Cómo te fue? Escribe sobre ello aquí:

_____

_____

_____

Visualiza una persona, un lugar, animal o yo superior que te haga sentir seguro y amado: **imagina** y siente esta esencia. Suaviza tu mirada o cierra los ojos y respira profundamente unas cuantas veces mientras te conectas. **Siente** el contacto amoroso, afectuoso y seguro. Permítete **fundirte** en el abrazo más relajante y reconfortante. Permítete **quedarte aquí durante un minuto completo**. ¿Hay alguna **sensación** o algún **mensaje** que te llega? ¿**Dónde** lo sientes en tu cuerpo? *Escribe las palabras que mejor describen esta experiencia:*

_____

_____

_____

Identifiqua una cosa por la que estes **agradecido** hoy: asegurate de que sea diferente de lo que identificaste ayer. [Incluso las cosas más pequeñas cuentan] Suaviza tu mirada/o cierra los ojos y respira profundamente unas cuantas veces mientras te **tomas un minuto completo** para **saborear** este sentimiento de gratitud. Escribe los detalles a continuación:

_____

_____

_____

Identifica una **necesidad** actual. Entra dentro de ti y pregúntate "¿qué necesito?" Escribe en tercera persona "tu nombre necesita":

_____

_____

_____

*Comenzando Mi Dia*_____/_____/_____

Libera algo de espacio mental. Describe brevemente el pensamiento o factor estresante más fuerte que tienes en mente: etiqueta la emoción.

_____

_____

_____

Ubicación corporal: _____ Sensación corporal: _____

RVRR Parte 1: Tómate un minuto para realizar la parte 1 de la técnica RVRR. Ahora, establece un plan sobre cuándo, dónde y cómo liberarás tu bóveda más tarde hoy. *Escribe tu plan a continuación:*

_____

_____

_____

Visualiza sólo un aspecto de la vida de tus sueños: no planifiques ni pienses estrategias sobre cómo va a suceder. **Imaginate el resultado final.** Suaviza tu mirada o cierra los ojos y respira profundamente unas cuantas veces mientras imaginas y conectas con esta parte de tu vida ideal. **Tómate un minuto completo** para **disfrutar** de esta experiencia. ¿Cómo se ve y se siente esta parte de la vida de tus sueños? *Escribe las palabras "¿Que tal...?" y luego describe este aspecto específico de la vida de tus sueños.*

_____

_____

_____

_____

_____

Mira profundamente en ti mismo: mira y siente quién eres en verdad: tus valores, tu esencia, tus habilidades innatas y tu corazón. ¿Qué imágenes y cualidades representan tu verdadero yo? **Afirma** tu personalidad única. *Escribe las palabras que mejor te describen:*

_____

_____

_____

_____

Terminando Mi Día _____/_____/_____

Enumera Dos cosas que te salieron bien hoy. [Incluso las cosas más pequeñas son buenas para notar]

1._____

2._____

RVRR Parte 2: ¿Liberaste tu bóveda? ¿Cómo te fue? Escribe sobre ello aquí:
_____
_____
_____

Visualiza una persona, un lugar, animal o yo superior que te haga sentir seguro y amado: **imagina** y siente esta esencia. Suaviza tu mirada o cierra los ojos y respira profundamente unas cuantas veces mientras te conectas. **Siente** el contacto amoroso, afectuoso y seguro. Permítete **fundirte** en el abrazo más relajante y reconfortante. Permítete **quedarte aquí durante un minuto completo**. ¿Hay alguna **sensación** o algún **mensaje** que te llega? ¿**Dónde** lo sientes en tu cuerpo? *Escribe las palabras que mejor describen esta experiencia:*
_____
_____
_____
_____

Identifiqua una cosa por la que estes **agradecido** hoy: asegurate de que sea diferente de lo que identificaste ayer. [Incluso las cosas más pequeñas cuentan] Suaviza tu mirada/o cierra los ojos y respira profundamente unas cuantas veces mientras te **tomas un minuto completo** para **saborear** este sentimiento de gratitud. Escribe los detalles a continuación:
_____
_____
_____

Identifica una **necesidad** actual. Entra dentro de ti y pregúntate "¿qué necesito?" Escribe en tercera persona "tu nombre necesita":
_____
_____
_____

*Comenzando Mi Dia*_____/_____/_____

Libera algo de espacio mental. Describe brevemente el pensamiento o factor estresante más fuerte que tienes en mente: etiqueta la emoción.

_____
_____
_____

Ubicación corporal: _____ Sensación corporal: _____

RVRR Parte 1: Tómate un minuto para realizar la parte 1 de la técnica RVRR. Ahora, establece un plan sobre cuándo, dónde y cómo liberarás tu bóveda más tarde hoy. *Escribe tu plan a continuación:*

_____
_____
_____

Visualiza sólo un aspecto de la vida de tus sueños: no planifiques ni pienses estrategias sobre cómo va a suceder. **Imagínate el resultado final**. Suaviza tu mirada o cierra los ojos y respira profundamente unas cuantas veces mientras imaginas y conectas con esta parte de tu vida ideal. **Tómate un minuto completo** para **disfrutar** de esta experiencia. ¿Cómo se ve y se siente esta parte de la vida de tus sueños? *Escribe las palabras "¿Que tal...?" y luego describe este aspecto específico de la vida de tus sueños.*

_____
_____
_____
_____
_____

Mira profundamente en ti mismo: mira y siente quién eres en verdad: tus valores, tu esencia, tus habilidades innatas y tu corazón. ¿Qué imágenes y cualidades representan tu verdadero yo? **Afirma** tu personalidad única. *Escribe las palabras que mejor te describen:*

_____
_____
_____
_____

Terminando Mi Día _____/_____/_____

Enumera Dos cosas que te salieron bien hoy. [Incluso las cosas más pequeñas son buenas para notar]

1._____
2._____

RVRR Parte 2: ¿Liberaste tu bóveda? ¿Cómo te fue? Escribe sobre ello aquí:
_____
_____
_____

Visualiza una persona, un lugar, animal o yo superior que te haga sentir seguro y amado: **imagina** y siente esta esencia. Suaviza tu mirada o cierra los ojos y respira profundamente unas cuantas veces mientras te conectas. **Siente** el contacto amoroso, afectuoso y seguro. Permítete **fundirte** en el abrazo más relajante y reconfortante. Permítete **quedarte aquí durante un minuto completo**. ¿Hay alguna **sensación** o algún **mensaje** que te llega? ¿**Dónde** lo sientes en tu cuerpo? *Escribe las palabras que mejor describen esta experiencia:*
_____
_____
_____
_____

Identifiqua una cosa por la que estes **agradecido** hoy: asegurate de que sea diferente de lo que identificaste ayer. [Incluso las cosas más pequeñas cuentan] Suaviza tu mirada/o cierra los ojos y respira profundamente unas cuantas veces mientras te **tomas un minuto completo** para **saborear** este sentimiento de gratitud. Escribe los detalles a continuación:
_____
_____
_____

Identifica una **necesidad** actual. Entra dentro de ti y pregúntate "¿qué necesito?" Escribe en tercera persona "tu nombre necesita":
_____
_____
_____

*Comenzando Mi Dia*_____/_____/_____

Libera algo de espacio mental. Describe brevemente el pensamiento o factor estresante más fuerte que tienes en mente: etiqueta la emoción.

_____

_____

_____

Ubicación corporal: _____ Sensación corporal: _____

RVRR Parte 1: Tómate un minuto para realizar la parte 1 de la técnica RVRR. Ahora, establece un plan sobre cuándo, dónde y cómo liberarás tu bóveda más tarde hoy. *Escribe tu plan a continuación:*

_____

_____

_____

Visualiza sólo un aspecto de la vida de tus sueños: no planifiques ni pienses estrategias sobre cómo va a suceder. **Imaginate el resultado final.** Suaviza tu mirada o cierra los ojos y respira profundamente unas cuantas veces mientras imaginas y conectas con esta parte de tu vida ideal. **Tómate un minuto completo** para **disfrutar** de esta experiencia. ¿Cómo se ve y se siente esta parte de la vida de tus sueños? *Escribe las palabras "¿Que tal...?" y luego describe este aspecto específico de la vida de tus sueños.*

_____

_____

_____

_____

_____

Mira profundamente en ti mismo: mira y siente quién eres en verdad: tus valores, tu esencia, tus habilidades innatas y tu corazón. ¿Qué imágenes y cualidades representan tu verdadero yo? **Afirma** tu personalidad única. *Escribe las palabras que mejor te describen:*

_____

_____

_____

_____

Terminando Mi Día _____/_____/_____

Enumera Dos cosas que te salieron bien hoy. [Incluso las cosas más pequeñas son buenas para notar]

1._____

2._____

RVRR Parte 2: ¿Liberaste tu bóveda? ¿Cómo te fue? Escribe sobre ello aquí:
_____
_____
_____

Visualiza una persona, un lugar, animal o yo superior que te haga sentir seguro y amado: **imagina** y siente esta esencia. Suaviza tu mirada o cierra los ojos y respira profundamente unas cuantas veces mientras te conectas. **Siente** el contacto amoroso, afectuoso y seguro. Permítete **fundirte** en el abrazo más relajante y reconfortante. Permítete **quedarte aquí durante un minuto completo**. ¿Hay alguna **sensación** o algún **mensaje** que te llega? ¿**Dónde** lo sientes en tu cuerpo? *Escribe las palabras que mejor describen esta experiencia:*
_____
_____
_____

Identifiqua una cosa por la que estes **agradecido** hoy: asegurate de que sea diferente de lo que identificaste ayer. [Incluso las cosas más pequeñas cuentan] Suaviza tu mirada/o cierra los ojos y respira profundamente unas cuantas veces mientras te **tomas un minuto completo** para **saborear** este sentimiento de gratitud. Escribe los detalles a continuación:
_____
_____
_____

Identifica una **necesidad** actual. Entra dentro de ti y pregúntate "¿qué necesito?" Escribe en tercera persona "tu nombre necesita":
_____
_____
_____

*Comenzando Mi Dia*_____/_____/_____

Libera algo de espacio mental. Describe brevemente el pensamiento o factor estresante más fuerte que tienes en mente: etiqueta la emoción.

_____

_____

_____

Ubicación corporal: _____ Sensación corporal: _____

RVRR Parte 1: Tómate un minuto para realizar la parte 1 de la técnica RVRR. Ahora, establece un plan sobre cuándo, dónde y cómo liberarás tu bóveda más tarde hoy. *Escribe tu plan a continuación:*

_____

_____

_____

Visualiza sólo un aspecto de la vida de tus sueños: no planifiques ni pienses estrategias sobre cómo va a suceder. **Imaginate el resultado final.** Suaviza tu mirada o cierra los ojos y respira profundamente unas cuantas veces mientras imaginas y conectas con esta parte de tu vida ideal. **Tómate un minuto completo** para **disfrutar** de esta experiencia. ¿Cómo se ve y se siente esta parte de la vida de tus sueños? *Escribe las palabras "¿Que tal...?" y luego describe este aspecto específico de la vida de tus sueños.*

_____

_____

_____

_____

_____

Mira profundamente en ti mismo: mira y siente quién eres en verdad: tus valores, tu esencia, tus habilidades innatas y tu corazón. ¿Qué imágenes y cualidades representan tu verdadero yo? **Afirma** tu personalidad única. *Escribe las palabras que mejor te describen:*

_____

_____

_____

_____

@QuantumMindframe

Terminando Mi Día _____/_____/_____

Enumera Dos cosas que te salieron bien hoy. [Incluso las cosas más pequeñas son buenas para notar]

1._____

2._____

RVRR Parte 2: ¿Liberaste tu bóveda? ¿Cómo te fue? Escribe sobre ello aquí:
_____
_____
_____

Visualiza una persona, un lugar, animal o yo superior que te haga sentir seguro y amado: **imagina** y siente esta esencia. Suaviza tu mirada o cierra los ojos y respira profundamente unas cuantas veces mientras te conectas. **Siente** el contacto amoroso, afectuoso y seguro. Permítete **fundirte** en el abrazo más relajante y reconfortante. Permítete **quedarte aquí durante un minuto completo**. ¿Hay alguna **sensación** o algún **mensaje** que te llega? ¿**Dónde** lo sientes en tu cuerpo? *Escribe las palabras que mejor describen esta experiencia:*
_____
_____
_____
_____

Identifiqua una cosa por la que estes **agradecido** hoy: asegurate de que sea diferente de lo que identificaste ayer. [Incluso las cosas más pequeñas cuentan] Suaviza tu mirada/o cierra los ojos y respira profundamente unas cuantas veces mientras te **tomas un minuto completo** para **saborear** este sentimiento de gratitud. Escribe los detalles a continuación:
_____
_____
_____

Identifica una **necesidad** actual. Entra dentro de ti y pregúntate "¿qué necesito?" Escribe en tercera persona "tu nombre necesita":
_____
_____
_____

*Comenzando Mi Dia*_____/_____/_____

Libera algo de espacio mental. Describe brevemente el pensamiento o factor estresante más fuerte que tienes en mente: etiqueta la emoción.

_____

_____

Ubicación corporal: _____ Sensación corporal: _____

RVRR Parte 1: Tómate un minuto para realizar la parte 1 de la técnica RVRR. Ahora, establece un plan sobre cuándo, dónde y cómo liberarás tu bóveda más tarde hoy. *Escribe tu plan a continuación:*

_____

_____

Visualiza sólo un aspecto de la vida de tus sueños: no planifiques ni pienses estrategias sobre cómo va a suceder. **Imaginate el resultado final.** Suaviza tu mirada o cierra los ojos y respira profundamente unas cuantas veces mientras imaginas y conectas con esta parte de tu vida ideal. **Tómate un minuto completo** para **disfrutar** de esta experiencia. ¿Cómo se ve y se siente esta parte de la vida de tus sueños? *Escribe las palabras "¿Que tal...?" y luego describe este aspecto específico de la vida de tus sueños.*

_____

_____

_____

_____

_____

Mira profundamente en ti mismo: mira y siente quién eres en verdad: tus valores, tu esencia, tus habilidades innatas y tu corazón. ¿Qué imágenes y cualidades representan tu verdadero yo? **Afirma** tu personalidad única. *Escribe las palabras que mejor te describen:*

_____

_____

_____

_____

Terminando Mi Día _____/_____/_____

Enumera Dos cosas que te salieron bien hoy. [Incluso las cosas más pequeñas son buenas para notar]

1._____
2._____

RVRR Parte 2: ¿Liberaste tu bóveda? ¿Cómo te fue? Escribe sobre ello aquí:
_____
_____
_____

Visualiza una persona, un lugar, animal o yo superior que te haga sentir seguro y amado: **imagina** y siente esta esencia. Suaviza tu mirada o cierra los ojos y respira profundamente unas cuantas veces mientras te conectas. **Siente** el contacto amoroso, afectuoso y seguro. Permítete **fundirte** en el abrazo más relajante y reconfortante. Permítete **quedarte aquí durante un minuto completo**. ¿Hay alguna **sensación** o algún **mensaje** que te llega? ¿**Dónde** lo sientes en tu cuerpo? *Escribe las palabras que mejor describen esta experiencia:*
_____
_____
_____
_____

Identifiqua una cosa por la que estes **agradecido** hoy: asegurate de que sea diferente de lo que identificaste ayer. [Incluso las cosas más pequeñas cuentan] Suaviza tu mirada/o cierra los ojos y respira profundamente unas cuantas veces mientras te **tomas un minuto completo** para **saborear** este sentimiento de gratitud. Escribe los detalles a continuación:
_____
_____
_____

Identifica una **necesidad** actual. Entra dentro de ti y pregúntate "¿qué necesito?" Escribe en tercera persona "tu nombre necesita":
_____
_____
_____

*Comenzando Mi Dia*_____/_____/_____

Libera algo de espacio mental. Describe brevemente el pensamiento o factor estresante más fuerte que tienes en mente: etiqueta la emoción.

_____

_____

_____

Ubicación corporal: _____ Sensación corporal: _____

RVRR Parte 1: Tómate un minuto para realizar la parte 1 de la técnica RVRR. Ahora, establece un plan sobre cuándo, dónde y cómo liberarás tu bóveda más tarde hoy. *Escribe tu plan a continuación:*

_____

_____

_____

Visualiza sólo un aspecto de la vida de tus sueños: no planifiques ni pienses estrategias sobre cómo va a suceder. **Imaginate el resultado final.** Suaviza tu mirada o cierra los ojos y respira profundamente unas cuantas veces mientras imaginas y conectas con esta parte de tu vida ideal. **Tómate un minuto completo** para **disfrutar** de esta experiencia. ¿Cómo se ve y se siente esta parte de la vida de tus sueños? *Escribe las palabras "¿Que tal...?" y luego describe este aspecto específico de la vida de tus sueños.*

_____

_____

_____

_____

_____

Mira profundamente en ti mismo: mira y siente quién eres en verdad: tus valores, tu esencia, tus habilidades innatas y tu corazón. ¿Qué imágenes y cualidades representan tu verdadero yo? **Afirma** tu personalidad única. *Escribe las palabras que mejor te describen:*

_____

_____

_____

_____

Terminando Mi Día _____/_____/_____

Enumera Dos cosas que te salieron bien hoy. [Incluso las cosas más pequeñas son buenas para notar]

1._____

2._____

RVRR Parte 2: ¿Liberaste tu bóveda? ¿Cómo te fue? Escribe sobre ello aquí:
_____
_____
_____

Visualiza una persona, un lugar, animal o yo superior que te haga sentir seguro y amado: **imagina** y siente esta esencia. Suaviza tu mirada o cierra los ojos y respira profundamente unas cuantas veces mientras te conectas. **Siente** el contacto amoroso, afectuoso y seguro. Permítete **fundirte** en el abrazo más relajante y reconfortante. Permítete **quedarte aquí durante un minuto completo**. ¿Hay alguna **sensación** o algún **mensaje** que te llega? ¿**Dónde** lo sientes en tu cuerpo? *Escribe las palabras que mejor describen esta experiencia:*
_____
_____
_____

Identifiqua una cosa por la que estes **agradecido** hoy: asegurate de que sea diferente de lo que identificaste ayer. [Incluso las cosas más pequeñas cuentan] Suaviza tu mirada/o cierra los ojos y respira profundamente unas cuantas veces mientras te **tomas un minuto completo** para **saborear** este sentimiento de gratitud. Escribe los detalles a continuación:
_____
_____
_____

Identifica una **necesidad** actual. Entra dentro de ti y pregúntate "¿qué necesito?" Escribe en tercera persona "tu nombre necesita":
_____
_____
_____

*Comenzando Mi Dia*_____/_____/_____

Libera algo de espacio mental. Describe brevemente el pensamiento o factor estresante más fuerte que tienes en mente: etiqueta la emoción.

_____
_____
_____

Ubicación corporal: _____   Sensación corporal: _____

RVRR Parte 1: Tómate un minuto para realizar la parte 1 de la técnica RVRR. Ahora, establece un plan sobre cuándo, dónde y cómo liberarás tu bóveda más tarde hoy. *Escribe tu plan a continuación:*

_____
_____
_____

Visualiza sólo un aspecto de la vida de tus sueños: no planifiques ni pienses estrategias sobre cómo va a suceder. **Imaginate el resultado final**. Suaviza tu mirada o cierra los ojos y respira profundamente unas cuantas veces mientras imaginas y conectas con esta parte de tu vida ideal. **Tómate un minuto completo** para **disfrutar** de esta experiencia. ¿Cómo se ve y se siente esta parte de la vida de tus sueños? *Escribe las palabras "¿Que tal...?" y luego describe este aspecto específico de la vida de tus sueños.*

_____
_____
_____
_____
_____

Mira profundamente en ti mismo: mira y siente quién eres en verdad: tus valores, tu esencia, tus habilidades innatas y tu corazón. ¿Qué imágenes y cualidades representan tu verdadero yo? **Afirma** tu personalidad única. *Escribe las palabras que mejor te describen:*

_____
_____
_____
_____

Terminando Mi Día _____/_____/_____

Enumera Dos cosas que te salieron bien hoy. [Incluso las cosas más pequeñas son buenas para notar]

1._____

2._____

RVRR Parte 2: ¿Liberaste tu bóveda? ¿Cómo te fue? Escribe sobre ello aquí:
_____
_____
_____

Visualiza una persona, un lugar, animal o yo superior que te haga sentir seguro y amado: **imagina** y siente esta esencia. Suaviza tu mirada o cierra los ojos y respira profundamente unas cuantas veces mientras te conectas. **Siente** el contacto amoroso, afectuoso y seguro. Permítete **fundirte** en el abrazo más relajante y reconfortante. Permítete **quedarte aquí durante un minuto completo**. ¿Hay alguna **sensación** o algún **mensaje** que te llega? ¿**Dónde** lo sientes en tu cuerpo? *Escribe las palabras que mejor describen esta experiencia:*
_____
_____
_____
_____

Identifiqua una cosa por la que estes **agradecido** hoy: asegurate de que sea diferente de lo que identificaste ayer. [Incluso las cosas más pequeñas cuentan] Suaviza tu mirada/o cierra los ojos y respira profundamente unas cuantas veces mientras te **tomas un minuto completo** para **saborear** este sentimiento de gratitud. Escribe los detalles a continuación:
_____
_____
_____

Identifica una **necesidad** actual. Entra dentro de ti y pregúntate "¿qué necesito?" Escribe en tercera persona "tu nombre necesita":
_____
_____
_____

*Comenzando Mi Dia*_____/_____/_____

Libera algo de espacio mental. Describe brevemente el pensamiento o factor estresante más fuerte que tienes en mente: etiqueta la emoción.

_____
_____
_____

Ubicación corporal: _____   Sensación corporal: _____

RVRR Parte 1: Tómate un minuto para realizar la parte 1 de la técnica RVRR. Ahora, establece un plan sobre cuándo, dónde y cómo liberarás tu bóveda más tarde hoy. *Escribe tu plan a continuación:*

_____
_____

Visualiza sólo un aspecto de la vida de tus sueños: no planifiques ni pienses estrategias sobre cómo va a suceder. **Imaginate el resultado final**. Suaviza tu mirada o cierra los ojos y respira profundamente unas cuantas veces mientras imaginas y conectas con esta parte de tu vida ideal. **Tómate un minuto completo** para **disfrutar** de esta experiencia. ¿Cómo se ve y se siente esta parte de la vida de tus sueños? *Escribe las palabras "¿Que tal...?" y luego describe este aspecto específico de la vida de tus sueños.*

_____
_____
_____
_____
_____

Mira profundamente en ti mismo: mira y siente quién eres en verdad: tus valores, tu esencia, tus habilidades innatas y tu corazón. ¿Qué imágenes y cualidades representan tu verdadero yo? **Afirma** tu personalidad única. *Escribe las palabras que mejor te describen:*

_____
_____
_____
_____

Terminando Mi Día _____/_____/_____

Enumera Dos cosas que te salieron bien hoy. [Incluso las cosas más pequeñas son buenas para notar]

1._____

2._____

RVRR Parte 2: ¿Liberaste tu bóveda? ¿Cómo te fue? Escribe sobre ello aquí:
_____
_____
_____

Visualiza una persona, un lugar, animal o yo superior que te haga sentir seguro y amado: **imagina** y siente esta esencia. Suaviza tu mirada o cierra los ojos y respira profundamente unas cuantas veces mientras te conectas. **Siente** el contacto amoroso, afectuoso y seguro. Permítete **fundirte** en el abrazo más relajante y reconfortante. Permítete **quedarte aquí durante un minuto completo.** ¿Hay alguna **sensación** o algún **mensaje** que te llega? ¿**Dónde** lo sientes en tu cuerpo? *Escribe las palabras que mejor describen esta experiencia:*
_____
_____
_____
_____

Identifiqua una cosa por la que estes **agradecido** hoy: asegurate de que sea diferente de lo que identificaste ayer. [Incluso las cosas más pequeñas cuentan] Suaviza tu mirada/o cierra los ojos y respira profundamente unas cuantas veces mientras te **tomas un minuto completo** para **saborear** este sentimiento de gratitud. Escribe los detalles a continuación:
_____
_____
_____

Identifica una **necesidad** actual. Entra dentro de ti y pregúntate "¿qué necesito?" Escribe en tercera persona "tu nombre necesita":
_____
_____
_____

*Comenzando Mi Dia*_____/_____/_____

Libera algo de espacio mental. Describe brevemente el pensamiento o factor estresante más fuerte que tienes en mente: etiqueta la emoción.

_____
_____
_____

Ubicación corporal: _____ Sensación corporal: _____

RVRR Parte 1: Tómate un minuto para realizar la parte 1 de la técnica RVRR. Ahora, establece un plan sobre cuándo, dónde y cómo liberarás tu bóveda más tarde hoy. *Escribe tu plan a continuación:*

_____
_____
_____

Visualiza sólo un aspecto de la vida de tus sueños: no planifiques ni pienses estrategias sobre cómo va a suceder. **Imaginate el resultado final.** Suaviza tu mirada o cierra los ojos y respira profundamente unas cuantas veces mientras imaginas y conectas con esta parte de tu vida ideal. **Tómate un minuto completo** para **disfrutar** de esta experiencia. ¿Cómo se ve y se siente esta parte de la vida de tus sueños? *Escribe las palabras "¿Que tal...?" y luego describe este aspecto específico de la vida de tus sueños.*

_____
_____
_____
_____
_____

Mira profundamente en ti mismo: mira y siente quién eres en verdad: tus valores, tu esencia, tus habilidades innatas y tu corazón. ¿Qué imágenes y cualidades representan tu verdadero yo? **Afirma** tu personalidad única. *Escribe las palabras que mejor te describen:*

_____
_____
_____
_____

Terminando Mi Día _____/_____/_____

Enumera Dos cosas que te salieron bien hoy. [Incluso las cosas más pequeñas son buenas para notar]

1._____

2._____

RVRR Parte 2: ¿Liberaste tu bóveda? ¿Cómo te fue? Escribe sobre ello aquí:
_____
_____
_____

Visualiza una persona, un lugar, animal o yo superior que te haga sentir seguro y amado: **imagina** y siente esta esencia. Suaviza tu mirada o cierra los ojos y respira profundamente unas cuantas veces mientras te conectas. **Siente** el contacto amoroso, afectuoso y seguro. Permítete **fundirte** en el abrazo más relajante y reconfortante. Permítete **quedarte aquí durante un minuto completo**. ¿Hay alguna **sensación** o algún **mensaje** que te llega? ¿**Dónde** lo sientes en tu cuerpo? *Escribe las palabras que mejor describen esta experiencia:*
_____
_____
_____
_____

Identifiqua una cosa por la que estes **agradecido** hoy: asegurate de que sea diferente de lo que identificaste ayer. [Incluso las cosas más pequeñas cuentan] Suaviza tu mirada/o cierra los ojos y respira profundamente unas cuantas veces mientras te **tomas un minuto completo** para **saborear** este sentimiento de gratitud. Escribe los detalles a continuación:
_____
_____
_____

Identifica una **necesidad** actual. Entra dentro de ti y pregúntate "¿qué necesito?" Escribe en tercera persona "tu nombre necesita":
_____
_____
_____

*Comenzando Mi Dia*_____/_____/_____

Libera algo de espacio mental. Describe brevemente el pensamiento o factor estresante más fuerte que tienes en mente: etiqueta la emoción.

_____
_____
_____

Ubicación corporal: _____ Sensación corporal: _____

RVRR Parte 1: Tómate un minuto para realizar la parte 1 de la técnica RVRR. Ahora, establece un plan sobre cuándo, dónde y cómo liberarás tu bóveda más tarde hoy. *Escribe tu plan a continuación:*

_____
_____
_____

Visualiza sólo un aspecto de la vida de tus sueños: no planifiques ni pienses estrategias sobre cómo va a suceder. **Imagínate el resultado final.** Suaviza tu mirada o cierra los ojos y respira profundamente unas cuantas veces mientras imaginas y conectas con esta parte de tu vida ideal. **Tómate un minuto completo** para **disfrutar** de esta experiencia. ¿Cómo se ve y se siente esta parte de la vida de tus sueños? *Escribe las palabras "¿Que tal...?" y luego describe este aspecto específico de la vida de tus sueños.*

_____
_____
_____
_____
_____

Mira profundamente en ti mismo: mira y siente quién eres en verdad: tus valores, tu esencia, tus habilidades innatas y tu corazón. ¿Qué imágenes y cualidades representan tu verdadero yo? **Afirma** tu personalidad única. *Escribe las palabras que mejor te describen:*

_____
_____
_____
_____

Terminando Mi Día _____/_____/_____

Enumera Dos cosas que te salieron bien hoy. [Incluso las cosas más pequeñas son buenas para notar]

1._____
2._____

RVRR Parte 2: ¿Liberaste tu bóveda? ¿Cómo te fue? Escribe sobre ello aquí:
_____
_____
_____

Visualiza una persona, un lugar, animal o yo superior que te haga sentir seguro y amado: **imagina** y siente esta esencia. Suaviza tu mirada o cierra los ojos y respira profundamente unas cuantas veces mientras te conectas. **Siente** el contacto amoroso, afectuoso y seguro. Permítete **fundirte** en el abrazo más relajante y reconfortante. Permítete **quedarte aquí durante un minuto completo**. ¿Hay alguna **sensación** o algún **mensaje** que te llega? ¿**Dónde** lo sientes en tu cuerpo? *Escribe las palabras que mejor describen esta experiencia:*
_____
_____
_____

Identifiqua una cosa por la que estes **agradecido** hoy: asegurate de que sea diferente de lo que identificaste ayer. [Incluso las cosas más pequeñas cuentan] Suaviza tu mirada/o cierra los ojos y respira profundamente unas cuantas veces mientras te **tomas un minuto completo** para **saborear** este sentimiento de gratitud. Escribe los detalles a continuación:
_____
_____
_____

Identifica una **necesidad** actual. Entra dentro de ti y pregúntate "¿qué necesito?" Escribe en tercera persona "tu nombre necesita":
_____
_____
_____

*Comenzando Mi Dia*_____/_____/_____

Libera algo de espacio mental. Describe brevemente el pensamiento o factor estresante más fuerte que tienes en mente: etiqueta la emoción.

_____

_____

_____

Ubicación corporal: _____ Sensación corporal: _____

RVRR Parte 1: Tómate un minuto para realizar la parte 1 de la técnica RVRR. Ahora, establece un plan sobre cuándo, dónde y cómo liberarás tu bóveda más tarde hoy. *Escribe tu plan a continuación:*

_____

_____

_____

Visualiza sólo un aspecto de la vida de tus sueños: no planifiques ni pienses estrategias sobre cómo va a suceder. **Imaginate el resultado final.** Suaviza tu mirada o cierra los ojos y respira profundamente unas cuantas veces mientras imaginas y conectas con esta parte de tu vida ideal. **Tómate un minuto completo** para **disfrutar** de esta experiencia. ¿Cómo se ve y se siente esta parte de la vida de tus sueños? *Escribe las palabras "¿Que tal...?" y luego describe este aspecto específico de la vida de tus sueños.*

_____

_____

_____

_____

_____

Mira profundamente en ti mismo: mira y siente quién eres en verdad: tus valores, tu esencia, tus habilidades innatas y tu corazón. ¿Qué imágenes y cualidades representan tu verdadero yo? **Afirma** tu personalidad única. *Escribe las palabras que mejor te describen:*

_____

_____

_____

_____

Terminando Mi Día _____/_____/_____

Enumera Dos cosas que te salieron bien hoy. [Incluso las cosas más pequeñas son buenas para notar]

1._____

2._____

RVRR Parte 2: ¿Liberaste tu bóveda? ¿Cómo te fue? Escribe sobre ello aquí:

_____

_____

_____

Visualiza una persona, un lugar, animal o yo superior que te haga sentir seguro y amado: **imagina** y siente esta esencia. Suaviza tu mirada o cierra los ojos y respira profundamente unas cuantas veces mientras te conectas. **Siente** el contacto amoroso, afectuoso y seguro. Permítete **fundirte** en el abrazo más relajante y reconfortante. Permítete **quedarte aquí durante un minuto completo**. ¿Hay alguna **sensación** o algún **mensaje** que te llega? ¿**Dónde** lo sientes en tu cuerpo? *Escribe las palabras que mejor describen esta experiencia:*

_____

_____

_____

_____

Identifiqua una cosa por la que estes **agradecido** hoy: asegurate de que sea diferente de lo que identificaste ayer. [Incluso las cosas más pequeñas cuentan] Suaviza tu mirada/o cierra los ojos y respira profundamente unas cuantas veces mientras te **tomas un minuto completo** para **saborear** este sentimiento de gratitud. Escribe los detalles a continuación:

_____

_____

_____

Identifica una **necesidad** actual. Entra dentro de ti y pregúntate "¿qué necesito?" Escribe en tercera persona "tu nombre necesita":

_____

_____

_____

*Comenzando Mi Dia*_____/_____/_____

Libera algo de espacio mental. Describe brevemente el pensamiento o factor estresante más fuerte que tienes en mente: etiqueta la emoción.

_____

_____

Ubicación corporal: _____ Sensación corporal: _____

RVRR Parte 1: Tómate un minuto para realizar la parte 1 de la técnica RVRR. Ahora, establece un plan sobre cuándo, dónde y cómo liberarás tu bóveda más tarde hoy. *Escribe tu plan a continuación:*

_____

_____

Visualiza sólo un aspecto de la vida de tus sueños: no planifiques ni pienses estrategias sobre cómo va a suceder. **Imaginate el resultado final**. Suaviza tu mirada o cierra los ojos y respira profundamente unas cuantas veces mientras imaginas y conectas con esta parte de tu vida ideal. **Tómate un minuto completo** para **disfrutar** de esta experiencia. ¿Cómo se ve y se siente esta parte de la vida de tus sueños? *Escribe las palabras "¿Que tal...?" y luego describe este aspecto específico de la vida de tus sueños.*

_____

_____

_____

_____

Mira profundamente en ti mismo: mira y siente quién eres en verdad: tus valores, tu esencia, tus habilidades innatas y tu corazón. ¿Qué imágenes y cualidades representan tu verdadero yo? **Afirma** tu personalidad única. *Escribe las palabras que mejor te describen:*

_____

_____

_____

_____

Terminando Mi Día _____/_____/_____

Enumera Dos cosas que te salieron bien hoy. [Incluso las cosas más pequeñas son buenas para notar]

1._____

2._____

RVRR Parte 2: ¿Liberaste tu bóveda? ¿Cómo te fue? Escribe sobre ello aquí:
_____
_____
_____

Visualiza una persona, un lugar, animal o yo superior que te haga sentir seguro y amado: **imagina** y siente esta esencia. Suaviza tu mirada o cierra los ojos y respira profundamente unas cuantas veces mientras te conectas. **Siente** el contacto amoroso, afectuoso y seguro. Permítete **fundirte** en el abrazo más relajante y reconfortante. Permítete **quedarte aquí durante un minuto completo**. ¿Hay alguna **sensación** o algún **mensaje** que te llega? ¿**Dónde** lo sientes en tu cuerpo? *Escribe las palabras que mejor describen esta experiencia:*
_____
_____
_____

Identifiqua una cosa por la que estes **agradecido** hoy: asegurate de que sea diferente de lo que identificaste ayer. [Incluso las cosas más pequeñas cuentan] Suaviza tu mirada/o cierra los ojos y respira profundamente unas cuantas veces mientras te **tomas un minuto completo** para **saborear** este sentimiento de gratitud. Escribe los detalles a continuación:
_____
_____
_____

Identifica una **necesidad** actual. Entra dentro de ti y pregúntate "¿qué necesito?" Escribe en tercera persona "tu nombre necesita":
_____
_____
_____

*Comenzando Mi Dia*_____/_____/_____

Libera algo de espacio mental. Describe brevemente el pensamiento o factor estresante más fuerte que tienes en mente: etiqueta la emoción.

_____

_____

_____

Ubicación corporal: _____ Sensación corporal: _____

RVRR Parte 1: Tómate un minuto para realizar la parte 1 de la técnica RVRR. Ahora, establece un plan sobre cuándo, dónde y cómo liberarás tu bóveda más tarde hoy. *Escribe tu plan a continuación:*

_____

_____

_____

Visualiza sólo un aspecto de la vida de tus sueños: no planifiques ni pienses estrategias sobre cómo va a suceder. **Imaginate el resultado final.** Suaviza tu mirada o cierra los ojos y respira profundamente unas cuantas veces mientras imaginas y conectas con esta parte de tu vida ideal. **Tómate un minuto completo** para **disfrutar** de esta experiencia. ¿Cómo se ve y se siente esta parte de la vida de tus sueños? *Escribe las palabras "¿Que tal...?" y luego describe este aspecto específico de la vida de tus sueños.*

_____

_____

_____

_____

_____

Mira profundamente en ti mismo: mira y siente quién eres en verdad: tus valores, tu esencia, tus habilidades innatas y tu corazón. ¿Qué imágenes y cualidades representan tu verdadero yo? **Afirma** tu personalidad única. *Escribe las palabras que mejor te describen:*

_____

_____

_____

_____

Terminando Mi Día _____/_____/_____

Enumera Dos cosas que te salieron bien hoy. [Incluso las cosas más pequeñas son buenas para notar]

1._____

2._____

RVRR Parte 2: ¿Liberaste tu bóveda? ¿Cómo te fue? Escribe sobre ello aquí:

_____

_____

_____

Visualiza una persona, un lugar, animal o yo superior que te haga sentir seguro y amado: **imagina** y siente esta esencia. Suaviza tu mirada o cierra los ojos y respira profundamente unas cuantas veces mientras te conectas. **Siente** el contacto amoroso, afectuoso y seguro. Permítete **fundirte** en el abrazo más relajante y reconfortante. Permítete **quedarte aquí durante un minuto completo**. ¿Hay alguna **sensación** o algún **mensaje** que te llega? ¿**Dónde** lo sientes en tu cuerpo? *Escribe las palabras que mejor describen esta experiencia:*

_____

_____

_____

Identifiqua una cosa por la que estes **agradecido** hoy: asegurate de que sea diferente de lo que identificaste ayer. [Incluso las cosas más pequeñas cuentan] Suaviza tu mirada/o cierra los ojos y respira profundamente unas cuantas veces mientras te **tomas un minuto completo** para **saborear** este sentimiento de gratitud. Escribe los detalles a continuación:

_____

_____

_____

Identifica una **necesidad** actual. Entra dentro de ti y pregúntate "¿qué necesito?" Escribe en tercera persona "tu nombre necesita":

_____

_____

_____

*Comenzando Mi Dia*_____/_____/_____

Libera algo de espacio mental. Describe brevemente el pensamiento o factor estresante más fuerte que tienes en mente: etiqueta la emoción.

_____

_____

_____

Ubicación corporal: _____ Sensación corporal: _____

RVRR Parte 1: Tómate un minuto para realizar la parte 1 de la técnica RVRR. Ahora, establece un plan sobre cuándo, dónde y cómo liberarás tu bóveda más tarde hoy. *Escribe tu plan a continuación:*

_____

_____

_____

Visualiza sólo un aspecto de la vida de tus sueños: no planifiques ni pienses estrategias sobre cómo va a suceder. **Imaginate el resultado final.** Suaviza tu mirada o cierra los ojos y respira profundamente unas cuantas veces mientras imaginas y conectas con esta parte de tu vida ideal. **Tómate un minuto completo** para **disfrutar** de esta experiencia. ¿Cómo se ve y se siente esta parte de la vida de tus sueños? *Escribe las palabras "¿Que tal...?" y luego describe este aspecto específico de la vida de tus sueños.*

_____

_____

_____

_____

_____

Mira profundamente en ti mismo: mira y siente quién eres en verdad: tus valores, tu esencia, tus habilidades innatas y tu corazón. ¿Qué imágenes y cualidades representan tu verdadero yo? **Afirma** tu personalidad única. *Escribe las palabras que mejor te describen:*

_____

_____

_____

_____

Terminando Mi Día _____/_____/_____

Enumera Dos cosas que te salieron bien hoy. [Incluso las cosas más pequeñas son buenas para notar]

1._____

2._____

RVRR Parte 2: ¿Liberaste tu bóveda? ¿Cómo te fue? Escribe sobre ello aquí:

_____

_____

_____

Visualiza una persona, un lugar, animal o yo superior que te haga sentir seguro y amado: **imagina** y siente esta esencia. Suaviza tu mirada o cierra los ojos y respira profundamente unas cuantas veces mientras te conectas. **Siente** el contacto amoroso, afectuoso y seguro. Permítete **fundirte** en el abrazo más relajante y reconfortante. Permítete **quedarte aquí durante un minuto completo**. ¿Hay alguna **sensación** o algún **mensaje** que te llega? ¿**Dónde** lo sientes en tu cuerpo? *Escribe las palabras que mejor describen esta experiencia:*

_____

_____

_____

Identifiqua una cosa por la que estes **agradecido** hoy: asegurate de que sea diferente de lo que identificaste ayer. [Incluso las cosas más pequeñas cuentan] Suaviza tu mirada/o cierra los ojos y respira profundamente unas cuantas veces mientras te **tomas un minuto completo** para **saborear** este sentimiento de gratitud. Escribe los detalles a continuación:

_____

_____

_____

Identifica una **necesidad** actual. Entra dentro de ti y pregúntate "¿qué necesito?" Escribe en tercera persona "tu nombre necesita":

_____

_____

_____

*Comenzando Mi Dia*_____/_____/_____

Libera algo de espacio mental. Describe brevemente el pensamiento o factor estresante más fuerte que tienes en mente: etiqueta la emoción.

_____

_____

_____

Ubicación corporal: _____ Sensación corporal: _____

RVRR Parte 1: Tómate un minuto para realizar la parte 1 de la técnica RVRR. Ahora, establece un plan sobre cuándo, dónde y cómo liberarás tu bóveda más tarde hoy. *Escribe tu plan a continuación:*

_____

_____

_____

Visualiza sólo un aspecto de la vida de tus sueños: no planifiques ni pienses estrategias sobre cómo va a suceder. **Imaginate el resultado final**. Suaviza tu mirada o cierra los ojos y respira profundamente unas cuantas veces mientras imaginas y conectas con esta parte de tu vida ideal. **Tómate un minuto completo** para **disfrutar** de esta experiencia. ¿Cómo se ve y se siente esta parte de la vida de tus sueños? *Escribe las palabras "¿Que tal...?" y luego describe este aspecto específico de la vida de tus sueños.*

_____

_____

_____

_____

_____

Mira profundamente en ti mismo: mira y siente quién eres en verdad: tus valores, tu esencia, tus habilidades innatas y tu corazón. ¿Qué imágenes y cualidades representan tu verdadero yo? **Afirma** tu personalidad única. *Escribe las palabras que mejor te describen:*

_____

_____

_____

_____

Terminando Mi Día _____/_____/_____

Enumera Dos cosas que te salieron bien hoy. [Incluso las cosas más pequeñas son buenas para notar]

1._____

2._____

RVRR Parte 2: ¿Liberaste tu bóveda? ¿Cómo te fue? Escribe sobre ello aquí:
_____
_____
_____

Visualiza una persona, un lugar, animal o yo superior que te haga sentir seguro y amado: **imagina** y siente esta esencia. Suaviza tu mirada o cierra los ojos y respira profundamente unas cuantas veces mientras te conectas. **Siente** el contacto amoroso, afectuoso y seguro. Permítete **fundirte** en el abrazo más relajante y reconfortante. Permítete **quedarte aquí durante un minuto completo**. ¿Hay alguna **sensación** o algún **mensaje** que te llega? ¿**Dónde** lo sientes en tu cuerpo? *Escribe las palabras que mejor describen esta experiencia:*
_____
_____
_____
_____

Identifiqua una cosa por la que estes **agradecido** hoy: asegurate de que sea diferente de lo que identificaste ayer. [Incluso las cosas más pequeñas cuentan] Suaviza tu mirada/o cierra los ojos y respira profundamente unas cuantas veces mientras te **tomas un minuto completo** para **saborear** este sentimiento de gratitud. Escribe los detalles a continuación:
_____
_____
_____

Identifica una **necesidad** actual. Entra dentro de ti y pregúntate "¿qué necesito?" Escribe en tercera persona "tu nombre necesita":
_____
_____
_____

*Comenzando Mi Dia*_____/_____/_____

Libera algo de espacio mental. Describe brevemente el pensamiento o factor estresante más fuerte que tienes en mente: etiqueta la emoción.

_____
_____
_____

Ubicación corporal: _____   Sensación corporal: _____

RVRR Parte 1: Tómate un minuto para realizar la parte 1 de la técnica RVRR. Ahora, establece un plan sobre cuándo, dónde y cómo liberarás tu bóveda más tarde hoy. *Escribe tu plan a continuación:*

_____
_____
_____

Visualiza sólo un aspecto de la vida de tus sueños: no planifiques ni pienses estrategias sobre cómo va a suceder. **Imaginate el resultado final**. Suaviza tu mirada o cierra los ojos y respira profundamente unas cuantas veces mientras imaginas y conectas con esta parte de tu vida ideal. **Tómate un minuto completo** para **disfrutar** de esta experiencia. ¿Cómo se ve y se siente esta parte de la vida de tus sueños? *Escribe las palabras "¿Que tal...?" y luego describe este aspecto específico de la vida de tus sueños.*

_____
_____
_____
_____
_____

Mira profundamente en ti mismo: mira y siente quién eres en verdad: tus valores, tu esencia, tus habilidades innatas y tu corazón. ¿Qué imágenes y cualidades representan tu verdadero yo? **Afirma** tu personalidad única. *Escribe las palabras que mejor te describen:*

_____
_____
_____
_____

Terminando Mi Día _____/_____/_____

Enumera Dos cosas que te salieron bien hoy. [Incluso las cosas más pequeñas son buenas para notar]

1._____

2._____

RVRR Parte 2: ¿Liberaste tu bóveda? ¿Cómo te fue? Escribe sobre ello aquí:
_____

_____

_____

Visualiza una persona, un lugar, animal o yo superior que te haga sentir seguro y amado: **imagina** y siente esta esencia. Suaviza tu mirada o cierra los ojos y respira profundamente unas cuantas veces mientras te conectas. **Siente** el contacto amoroso, afectuoso y seguro. Permítete **fundirte** en el abrazo más relajante y reconfortante. Permítete **quedarte aquí durante un minuto completo**. ¿Hay alguna **sensación** o algún **mensaje** que te llega? ¿**Dónde** lo sientes en tu cuerpo? *Escribe las palabras que mejor describen esta experiencia:*
_____

_____

_____

Identifiqua una cosa por la que estes **agradecido** hoy: asegurate de que sea diferente de lo que identificaste ayer. [Incluso las cosas más pequeñas cuentan] Suaviza tu mirada/o cierra los ojos y respira profundamente unas cuantas veces mientras te **tomas un minuto completo** para **saborear** este sentimiento de gratitud. Escribe los detalles a continuación:
_____

_____

_____

Identifica una **necesidad** actual. Entra dentro de ti y pregúntate "¿qué necesito?" Escribe en tercera persona "tu nombre necesita":
_____

_____

_____

*Comenzando Mi Dia*_____/_____/_____

Libera algo de espacio mental. Describe brevemente el pensamiento o factor estresante más fuerte que tienes en mente: etiqueta la emoción.

_____
_____
_____

Ubicación corporal: _____   Sensación corporal: _____

RVRR Parte 1: Tómate un minuto para realizar la parte 1 de la técnica RVRR. Ahora, establece un plan sobre cuándo, dónde y cómo liberarás tu bóveda más tarde hoy. *Escribe tu plan a continuación:*

_____
_____
_____

Visualiza sólo un aspecto de la vida de tus sueños: no planifiques ni pienses estrategias sobre cómo va a suceder. **Imagínate el resultado final.** Suaviza tu mirada o cierra los ojos y respira profundamente unas cuantas veces mientras imaginas y conectas con esta parte de tu vida ideal. **Tómate un minuto completo** para **disfrutar** de esta experiencia. ¿Cómo se ve y se siente esta parte de la vida de tus sueños? *Escribe las palabras "¿Que tal...?" y luego describe este aspecto específico de la vida de tus sueños.*

_____
_____
_____
_____
_____

Mira profundamente en ti mismo: mira y siente quién eres en verdad: tus valores, tu esencia, tus habilidades innatas y tu corazón. ¿Qué imágenes y cualidades representan tu verdadero yo? **Afirma** tu personalidad única. *Escribe las palabras que mejor te describen:*

_____
_____
_____
_____

Terminando Mi Día _____/_____/_____

Enumera Dos cosas que te salieron bien hoy. [Incluso las cosas más pequeñas son buenas para notar]

1._____

2._____

RVRR Parte 2: ¿Liberaste tu bóveda? ¿Cómo te fue? Escribe sobre ello aquí:
_____
_____
_____

Visualiza una persona, un lugar, animal o yo superior que te haga sentir seguro y amado: **imagina** y siente esta esencia. Suaviza tu mirada o cierra los ojos y respira profundamente unas cuantas veces mientras te conectas. **Siente** el contacto amoroso, afectuoso y seguro. Permítete **fundirte** en el abrazo más relajante y reconfortante. Permítete **quedarte aquí durante un minuto completo**. ¿Hay alguna **sensación** o algún **mensaje** que te llega? ¿**Dónde** lo sientes en tu cuerpo? *Escribe las palabras que mejor describen esta experiencia:*
_____
_____
_____

Identifiqua una cosa por la que estes **agradecido** hoy: asegurate de que sea diferente de lo que identificaste ayer. [Incluso las cosas más pequeñas cuentan] Suaviza tu mirada/o cierra los ojos y respira profundamente unas cuantas veces mientras te **tomas un minuto completo** para **saborear** este sentimiento de gratitud. Escribe los detalles a continuación:
_____
_____
_____

Identifica una **necesidad** actual. Entra dentro de ti y pregúntate "¿qué necesito?" Escribe en tercera persona "tu nombre necesita":
_____
_____
_____

*Comenzando Mi Dia*_____/_____/_____

Libera algo de espacio mental. Describe brevemente el pensamiento o factor estresante más fuerte que tienes en mente: etiqueta la emoción.

_____
_____
_____

Ubicación corporal: _____ Sensación corporal: _____

RVRR Parte 1: Tómate un minuto para realizar la parte 1 de la técnica RVRR. Ahora, establece un plan sobre cuándo, dónde y cómo liberarás tu bóveda más tarde hoy. *Escribe tu plan a continuación:*

_____
_____
_____

Visualiza sólo un aspecto de la vida de tus sueños: no planifiques ni pienses estrategias sobre cómo va a suceder. **Imaginate el resultado final**. Suaviza tu mirada o cierra los ojos y respira profundamente unas cuantas veces mientras imaginas y conectas con esta parte de tu vida ideal. **Tómate un minuto completo** para **disfrutar** de esta experiencia. ¿Cómo se ve y se siente esta parte de la vida de tus sueños? *Escribe las palabras "¿Que tal...?" y luego describe este aspecto específico de la vida de tus sueños.*

_____
_____
_____
_____
_____

Mira profundamente en ti mismo: mira y siente quién eres en verdad: tus valores, tu esencia, tus habilidades innatas y tu corazón. ¿Qué imágenes y cualidades representan tu verdadero yo? **Afirma** tu personalidad única. *Escribe las palabras que mejor te describen:*

_____
_____
_____
_____

Terminando Mi Día _____/_____/_____

Enumera Dos cosas que te salieron bien hoy. [Incluso las cosas más pequeñas son buenas para notar]

1._____

2._____

RVRR Parte 2: ¿Liberaste tu bóveda? ¿Cómo te fue? Escribe sobre ello aquí:
_____
_____
_____

Visualiza una persona, un lugar, animal o yo superior que te haga sentir seguro y amado: **imagina** y siente esta esencia. Suaviza tu mirada o cierra los ojos y respira profundamente unas cuantas veces mientras te conectas. **Siente** el contacto amoroso, afectuoso y seguro. Permítete **fundirte** en el abrazo más relajante y reconfortante. Permítete **quedarte aquí durante un minuto completo**. ¿Hay alguna **sensación** o algún **mensaje** que te llega? ¿**Dónde** lo sientes en tu cuerpo? *Escribe las palabras que mejor describen esta experiencia:*
_____
_____
_____

Identifiqua una cosa por la que estes **agradecido** hoy: asegurate de que sea diferente de lo que identificaste ayer. [Incluso las cosas más pequeñas cuentan] Suaviza tu mirada/o cierra los ojos y respira profundamente unas cuantas veces mientras te **tomas un minuto completo** para **saborear** este sentimiento de gratitud. Escribe los detalles a continuación:
_____
_____
_____

Identifica una **necesidad** actual. Entra dentro de ti y pregúntate "¿qué necesito?" Escribe en tercera persona "tu nombre necesita":
_____
_____
_____

*Comenzando Mi Dia*_____/_____/_____

Libera algo de espacio mental. Describe brevemente el pensamiento o factor estresante más fuerte que tienes en mente: etiqueta la emoción.

_____

_____

_____

Ubicación corporal: _____ Sensación corporal: _____

RVRR Parte 1: Tómate un minuto para realizar la parte 1 de la técnica RVRR. Ahora, establece un plan sobre cuándo, dónde y cómo liberarás tu bóveda más tarde hoy. *Escribe tu plan a continuación:*

_____

_____

_____

Visualiza sólo un aspecto de la vida de tus sueños: no planifiques ni pienses estrategias sobre cómo va a suceder. **Imagínate el resultado final.** Suaviza tu mirada o cierra los ojos y respira profundamente unas cuantas veces mientras imaginas y conectas con esta parte de tu vida ideal. **Tómate un minuto completo** para **disfrutar** de esta experiencia. ¿Cómo se ve y se siente esta parte de la vida de tus sueños? *Escribe las palabras "¿Que tal...?" y luego describe este aspecto específico de la vida de tus sueños.*

_____

_____

_____

_____

_____

Mira profundamente en ti mismo: mira y siente quién eres en verdad: tus valores, tu esencia, tus habilidades innatas y tu corazón. ¿Qué imágenes y cualidades representan tu verdadero yo? **Afirma** tu personalidad única. *Escribe las palabras que mejor te describen:*

_____

_____

_____

_____

Terminando Mi Día _____/_____/_____

Enumera Dos cosas que te salieron bien hoy. [Incluso las cosas más pequeñas son buenas para notar]

1._____

2._____

RVRR Parte 2: ¿Liberaste tu bóveda? ¿Cómo te fue? Escribe sobre ello aquí:

_____

_____

_____

Visualiza una persona, un lugar, animal o yo superior que te haga sentir seguro y amado: **imagina** y siente esta esencia. Suaviza tu mirada o cierra los ojos y respira profundamente unas cuantas veces mientras te conectas. **Siente** el contacto amoroso, afectuoso y seguro. Permítete **fundirte** en el abrazo más relajante y reconfortante. Permítete **quedarte aquí durante un minuto completo**. ¿Hay alguna **sensación** o algún **mensaje** que te llega? ¿**Dónde** lo sientes en tu cuerpo? *Escribe las palabras que mejor describen esta experiencia:*

_____

_____

_____

Identifiqua una cosa por la que estes **agradecido** hoy: asegurate de que sea diferente de lo que identificaste ayer. [Incluso las cosas más pequeñas cuentan] Suaviza tu mirada/o cierra los ojos y respira profundamente unas cuantas veces mientras te **tomas un minuto completo** para **saborear** este sentimiento de gratitud. Escribe los detalles a continuación:

_____

_____

_____

Identifica una **necesidad** actual. Entra dentro de ti y pregúntate "¿qué necesito?" Escribe en tercera persona "tu nombre necesita":

_____

_____

_____

*Comenzando Mi Dia*_____/_____/_____

Libera algo de espacio mental. Describe brevemente el pensamiento o factor estresante más fuerte que tienes en mente: etiqueta la emoción.

_____

_____

_____

Ubicación corporal: _____ Sensación corporal: _____

RVRR Parte 1: Tómate un minuto para realizar la parte 1 de la técnica RVRR. Ahora, establece un plan sobre cuándo, dónde y cómo liberarás tu bóveda más tarde hoy. *Escribe tu plan a continuación:*

_____

_____

_____

Visualiza sólo un aspecto de la vida de tus sueños: no planifiques ni pienses estrategias sobre cómo va a suceder. **Imagínate el resultado final.** Suaviza tu mirada o cierra los ojos y respira profundamente unas cuantas veces mientras imaginas y conectas con esta parte de tu vida ideal. **Tómate un minuto completo** para **disfrutar** de esta experiencia. ¿Cómo se ve y se siente esta parte de la vida de tus sueños? *Escribe las palabras "¿Que tal...?" y luego describe este aspecto específico de la vida de tus sueños.*

_____

_____

_____

_____

_____

Mira profundamente en ti mismo: mira y siente quién eres en verdad: tus valores, tu esencia, tus habilidades innatas y tu corazón. ¿Qué imágenes y cualidades representan tu verdadero yo? **Afirma** tu personalidad única. *Escribe las palabras que mejor te describen:*

_____

_____

_____

_____

Terminando Mi Día _____/_____/_____

Enumera Dos cosas que te salieron bien hoy. [Incluso las cosas más pequeñas son buenas para notar]

1._____

2._____

RVRR Parte 2: ¿Liberaste tu bóveda? ¿Cómo te fue? Escribe sobre ello aquí:

_____

_____

_____

Visualiza una persona, un lugar, animal o yo superior que te haga sentir seguro y amado: **imagina** y siente esta esencia. Suaviza tu mirada o cierra los ojos y respira profundamente unas cuantas veces mientras te conectas. **Siente** el contacto amoroso, afectuoso y seguro. Permítete **fundirte** en el abrazo más relajante y reconfortante. Permítete **quedarte aquí durante un minuto completo**. ¿Hay alguna **sensación** o algún **mensaje** que te llega? ¿**Dónde** lo sientes en tu cuerpo? *Escribe las palabras que mejor describen esta experiencia:*

_____

_____

_____

Identifiqua una cosa por la que estes **agradecido** hoy: asegurate de que sea diferente de lo que identificaste ayer. [Incluso las cosas más pequeñas cuentan] Suaviza tu mirada/o cierra los ojos y respira profundamente unas cuantas veces mientras te **tomas un minuto completo** para **saborear** este sentimiento de gratitud. Escribe los detalles a continuación:

_____

_____

_____

Identifica una **necesidad** actual. Entra dentro de ti y pregúntate "¿qué necesito?" Escribe en tercera persona "tu nombre necesita":

_____

_____

_____

*Comenzando Mi Dia*_____/_____/_____

Libera algo de espacio mental. Describe brevemente el pensamiento o factor estresante más fuerte que tienes en mente: etiqueta la emoción.

_____

_____

_____

Ubicación corporal: _____ Sensación corporal: _____

RVRR Parte 1: Tómate un minuto para realizar la parte 1 de la técnica RVRR. Ahora, establece un plan sobre cuándo, dónde y cómo liberarás tu bóveda más tarde hoy. *Escribe tu plan a continuación:*

_____

_____

_____

Visualiza sólo un aspecto de la vida de tus sueños: no planifiques ni pienses estrategias sobre cómo va a suceder. **Imaginate el resultado final**. Suaviza tu mirada o cierra los ojos y respira profundamente unas cuantas veces mientras imaginas y conectas con esta parte de tu vida ideal. **Tómate un minuto completo** para **disfrutar** de esta experiencia. ¿Cómo se ve y se siente esta parte de la vida de tus sueños? *Escribe las palabras "¿Que tal...?" y luego describe este aspecto específico de la vida de tus sueños.*

_____

_____

_____

_____

_____

Mira profundamente en ti mismo: mira y siente quién eres en verdad: tus valores, tu esencia, tus habilidades innatas y tu corazón. ¿Qué imágenes y cualidades representan tu verdadero yo? **Afirma** tu personalidad única. *Escribe las palabras que mejor te describen:*

_____

_____

_____

_____

Terminando Mi Día _____/_____/_____

Enumera Dos cosas que te salieron bien hoy. [Incluso las cosas más pequeñas son buenas para notar]

1._____

2._____

RVRR Parte 2: ¿Liberaste tu bóveda? ¿Cómo te fue? Escribe sobre ello aquí:
_____
_____
_____

Visualiza una persona, un lugar, animal o yo superior que te haga sentir seguro y amado: **imagina** y siente esta esencia. Suaviza tu mirada o cierra los ojos y respira profundamente unas cuantas veces mientras te conectas. **Siente** el contacto amoroso, afectuoso y seguro. Permítete **fundirte** en el abrazo más relajante y reconfortante. Permítete **quedarte aquí durante un minuto completo**. ¿Hay alguna **sensación** o algún **mensaje** que te llega? ¿**Dónde** lo sientes en tu cuerpo? *Escribe las palabras que mejor describen esta experiencia:*
_____
_____
_____
_____

Identifiqua una cosa por la que estes **agradecido** hoy: asegurate de que sea diferente de lo que identificaste ayer. [Incluso las cosas más pequeñas cuentan] Suaviza tu mirada/o cierra los ojos y respira profundamente unas cuantas veces mientras te **tomas un minuto completo** para **saborear** este sentimiento de gratitud. Escribe los detalles a continuación:
_____
_____
_____

Identifica una **necesidad** actual. Entra dentro de ti y pregúntate "¿qué necesito?" Escribe en tercera persona "tu nombre necesita":
_____
_____
_____

*Comenzando Mi Dia*_____/_____/_____

Libera algo de espacio mental. Describe brevemente el pensamiento o factor estresante más fuerte que tienes en mente: etiqueta la emoción.

_____
_____
_____

Ubicación corporal: _____ Sensación corporal: _____

RVRR Parte 1: Tómate un minuto para realizar la parte 1 de la técnica RVRR. Ahora, establece un plan sobre cuándo, dónde y cómo liberarás tu bóveda más tarde hoy. *Escribe tu plan a continuación:*

_____
_____
_____

Visualiza sólo un aspecto de la vida de tus sueños: no planifiques ni pienses estrategias sobre cómo va a suceder. **Imaginate el resultado final.** Suaviza tu mirada o cierra los ojos y respira profundamente unas cuantas veces mientras imaginas y conectas con esta parte de tu vida ideal. **Tómate un minuto completo** para **disfrutar** de esta experiencia. ¿Cómo se ve y se siente esta parte de la vida de tus sueños? *Escribe las palabras "¿Que tal...?" y luego describe este aspecto específico de la vida de tus sueños.*

_____
_____
_____
_____
_____

Mira profundamente en ti mismo: mira y siente quién eres en verdad: tus valores, tu esencia, tus habilidades innatas y tu corazón. ¿Qué imágenes y cualidades representan tu verdadero yo? **Afirma** tu personalidad única. *Escribe las palabras que mejor te describen:*

_____
_____
_____
_____

Terminando Mi Día _____/_____/_____

Enumera Dos cosas que te salieron bien hoy. [Incluso las cosas más pequeñas son buenas para notar]

1._____

2._____

RVRR Parte 2: ¿Liberaste tu bóveda? ¿Cómo te fue? Escribe sobre ello aquí:
_____
_____
_____

Visualiza una persona, un lugar, animal o yo superior que te haga sentir seguro y amado: **imagina** y siente esta esencia. Suaviza tu mirada o cierra los ojos y respira profundamente unas cuantas veces mientras te conectas. **Siente** el contacto amoroso, afectuoso y seguro. Permítete **fundirte** en el abrazo más relajante y reconfortante. Permítete **quedarte aquí durante un minuto completo.** ¿Hay alguna **sensación** o algún **mensaje** que te llega? ¿**Dónde** lo sientes en tu cuerpo? *Escribe las palabras que mejor describen esta experiencia:*
_____
_____
_____

Identifiqua una cosa por la que estes **agradecido** hoy: asegurate de que sea diferente de lo que identificaste ayer. [Incluso las cosas más pequeñas cuentan] Suaviza tu mirada/o cierra los ojos y respira profundamente unas cuantas veces mientras te **tomas un minuto completo** para **saborear** este sentimiento de gratitud. Escribe los detalles a continuación:
_____
_____
_____

Identifica una **necesidad** actual. Entra dentro de ti y pregúntate "¿qué necesito?" Escribe en tercera persona "tu nombre necesita":
_____
_____

*Comenzando Mi Dia*_____/_____/_____

Libera algo de espacio mental. Describe brevemente el pensamiento o factor estresante más fuerte que tienes en mente: etiqueta la emoción.

_____

_____

Ubicación corporal: _____ Sensación corporal: _____

RVRR Parte 1: Tómate un minuto para realizar la parte 1 de la técnica RVRR. Ahora, establece un plan sobre cuándo, dónde y cómo liberarás tu bóveda más tarde hoy. *Escribe tu plan a continuación:*

_____

_____

Visualiza sólo un aspecto de la vida de tus sueños: no planifiques ni pienses estrategias sobre cómo va a suceder. **Imagínate el resultado final.** Suaviza tu mirada o cierra los ojos y respira profundamente unas cuantas veces mientras imaginas y conectas con esta parte de tu vida ideal. **Tómate un minuto completo** para **disfrutar** de esta experiencia. ¿Cómo se ve y se siente esta parte de la vida de tus sueños? *Escribe las palabras "¿Que tal...?" y luego describe este aspecto específico de la vida de tus sueños.*

_____

_____

_____

_____

Mira profundamente en ti mismo: mira y siente quién eres en verdad: tus valores, tu esencia, tus habilidades innatas y tu corazón. ¿Qué imágenes y cualidades representan tu verdadero yo? **Afirma** tu personalidad única. *Escribe las palabras que mejor te describen:*

_____

_____

_____

_____

Terminando Mi Día _____/_____/_____

Enumera Dos cosas que te salieron bien hoy. [Incluso las cosas más pequeñas son buenas para notar]

1._____

2._____

RVRR Parte 2: ¿Liberaste tu bóveda? ¿Cómo te fue? Escribe sobre ello aquí:

_____

_____

_____

Visualiza una persona, un lugar, animal o yo superior que te haga sentir seguro y amado: **imagina** y siente esta esencia. Suaviza tu mirada o cierra los ojos y respira profundamente unas cuantas veces mientras te conectas. **Siente** el contacto amoroso, afectuoso y seguro. Permítete **fundirte** en el abrazo más relajante y reconfortante. Permítete **quedarte aquí durante un minuto completo**. ¿Hay alguna **sensación** o algún **mensaje** que te llega? ¿**Dónde** lo sientes en tu cuerpo? *Escribe las palabras que mejor describen esta experiencia:*

_____

_____

_____

_____

Identifiqua una cosa por la que estes **agradecido** hoy: asegurate de que sea diferente de lo que identificaste ayer. [Incluso las cosas más pequeñas cuentan] Suaviza tu mirada/o cierra los ojos y respira profundamente unas cuantas veces mientras te **tomas un minuto completo** para **saborear** este sentimiento de gratitud. Escribe los detalles a continuación:

_____

_____

_____

Identifica una **necesidad** actual. Entra dentro de ti y pregúntate "¿qué necesito?" Escribe en tercera persona "tu nombre necesita":

_____

_____

_____

*Comenzando Mi Dia*_____/_____/_____

Libera algo de espacio mental. Describe brevemente el pensamiento o factor estresante más fuerte que tienes en mente: etiqueta la emoción.

_____
_____
_____

Ubicación corporal: _____ Sensación corporal: _____

RVRR Parte 1: Tómate un minuto para realizar la parte 1 de la técnica RVRR. Ahora, establece un plan sobre cuándo, dónde y cómo liberarás tu bóveda más tarde hoy. *Escribe tu plan a continuación:*

_____
_____
_____

Visualiza sólo un aspecto de la vida de tus sueños: no planifiques ni pienses estrategias sobre cómo va a suceder. **Imaginate el resultado final**. Suaviza tu mirada o cierra los ojos y respira profundamente unas cuantas veces mientras imaginas y conectas con esta parte de tu vida ideal. **Tómate un minuto completo** para **disfrutar** de esta experiencia. ¿Cómo se ve y se siente esta parte de la vida de tus sueños? *Escribe las palabras "¿Que tal...?" y luego describe este aspecto específico de la vida de tus sueños.*

_____
_____
_____
_____
_____

Mira profundamente en ti mismo: mira y siente quién eres en verdad: tus valores, tu esencia, tus habilidades innatas y tu corazón. ¿Qué imágenes y cualidades representan tu verdadero yo? **Afirma** tu personalidad única. *Escribe las palabras que mejor te describen:*

_____
_____
_____
_____

Terminando Mi Día _____/_____/_____

Enumera Dos cosas que te salieron bien hoy. [Incluso las cosas más pequeñas son buenas para notar]

1._____

2._____

RVRR Parte 2: ¿Liberaste tu bóveda? ¿Cómo te fue? Escribe sobre ello aquí:
_____
_____
_____

Visualiza una persona, un lugar, animal o yo superior que te haga sentir seguro y amado: **imagina** y siente esta esencia. Suaviza tu mirada o cierra los ojos y respira profundamente unas cuantas veces mientras te conectas. **Siente** el contacto amoroso, afectuoso y seguro. Permítete **fundirte** en el abrazo más relajante y reconfortante. Permítete **quedarte aquí durante un minuto completo**. ¿Hay alguna **sensación** o algún **mensaje** que te llega? ¿**Dónde** lo sientes en tu cuerpo? *Escribe las palabras que mejor describen esta experiencia:*
_____
_____
_____

Identifiqua una cosa por la que estes **agradecido** hoy: asegurate de que sea diferente de lo que identificaste ayer. [Incluso las cosas más pequeñas cuentan] Suaviza tu mirada/o cierra los ojos y respira profundamente unas cuantas veces mientras te **tomas un minuto completo** para **saborear** este sentimiento de gratitud. Escribe los detalles a continuación:
_____
_____
_____

Identifica una **necesidad** actual. Entra dentro de ti y pregúntate "¿qué necesito?" Escribe en tercera persona "tu nombre necesita":
_____
_____

*Comenzando Mi Dia*_____/_____/_____

Libera algo de espacio mental. Describe brevemente el pensamiento o factor estresante más fuerte que tienes en mente: etiqueta la emoción.

_____
_____
_____

Ubicación corporal: _____ Sensación corporal: _____

RVRR Parte 1: Tómate un minuto para realizar la parte 1 de la técnica RVRR. Ahora, establece un plan sobre cuándo, dónde y cómo liberarás tu bóveda más tarde hoy. *Escribe tu plan a continuación:*

_____
_____
_____

Visualiza sólo un aspecto de la vida de tus sueños: no planifiques ni pienses estrategias sobre cómo va a suceder. **Imaginate el resultado final.** Suaviza tu mirada o cierra los ojos y respira profundamente unas cuantas veces mientras imaginas y conectas con esta parte de tu vida ideal. **Tómate un minuto completo** para **disfrutar** de esta experiencia. ¿Cómo se ve y se siente esta parte de la vida de tus sueños? *Escribe las palabras "¿Que tal...?" y luego describe este aspecto específico de la vida de tus sueños.*

_____
_____
_____
_____
_____

Mira profundamente en ti mismo: mira y siente quién eres en verdad: tus valores, tu esencia, tus habilidades innatas y tu corazón. ¿Qué imágenes y cualidades representan tu verdadero yo? **Afirma** tu personalidad única. *Escribe las palabras que mejor te describen:*

_____
_____
_____
_____

Terminando Mi Día _____/_____/_____

Enumera Dos cosas que te salieron bien hoy. [Incluso las cosas más pequeñas son buenas para notar]

1._____

2._____

RVRR Parte 2: ¿Liberaste tu bóveda? ¿Cómo te fue? Escribe sobre ello aquí:
_____
_____
_____

Visualiza una persona, un lugar, animal o yo superior que te haga sentir seguro y amado: **imagina** y siente esta esencia. Suaviza tu mirada o cierra los ojos y respira profundamente unas cuantas veces mientras te conectas. **Siente** el contacto amoroso, afectuoso y seguro. Permítete **fundirte** en el abrazo más relajante y reconfortante. Permítete **quedarte aquí durante un minuto completo**. ¿Hay alguna **sensación** o algún **mensaje** que te llega? ¿**Dónde** lo sientes en tu cuerpo? *Escribe las palabras que mejor describen esta experiencia:*
_____
_____
_____

Identifiqua una cosa por la que estes **agradecido** hoy: asegurate de que sea diferente de lo que identificaste ayer. [Incluso las cosas más pequeñas cuentan] Suaviza tu mirada/o cierra los ojos y respira profundamente unas cuantas veces mientras te **tomas un minuto completo** para **saborear** este sentimiento de gratitud. Escribe los detalles a continuación:
_____
_____
_____

Identifica una **necesidad** actual. Entra dentro de ti y pregúntate "¿qué necesito?" Escribe en tercera persona "tu nombre necesita":
_____
_____

*Comenzando Mi Dia*_____/_____/_____

Libera algo de espacio mental. Describe brevemente el pensamiento o factor estresante más fuerte que tienes en mente: etiqueta la emoción.

_____

_____

_____

Ubicación corporal: _____ Sensación corporal: _____

RVRR Parte 1: Tómate un minuto para realizar la parte 1 de la técnica RVRR. Ahora, establece un plan sobre cuándo, dónde y cómo liberarás tu bóveda más tarde hoy. *Escribe tu plan a continuación:*

_____

_____

_____

Visualiza sólo un aspecto de la vida de tus sueños: no planifiques ni pienses estrategias sobre cómo va a suceder. **Imagínate el resultado final**. Suaviza tu mirada o cierra los ojos y respira profundamente unas cuantas veces mientras imaginas y conectas con esta parte de tu vida ideal. **Tómate un minuto completo** para **disfrutar** de esta experiencia. ¿Cómo se ve y se siente esta parte de la vida de tus sueños? *Escribe las palabras "¿Que tal...?" y luego describe este aspecto específico de la vida de tus sueños.*

_____

_____

_____

_____

_____

Mira profundamente en ti mismo: mira y siente quién eres en verdad: tus valores, tu esencia, tus habilidades innatas y tu corazón. ¿Qué imágenes y cualidades representan tu verdadero yo? **Afirma** tu personalidad única. *Escribe las palabras que mejor te describen:*

_____

_____

_____

_____

Terminando Mi Día _____/_____/_____

Enumera Dos cosas que te salieron bien hoy. [Incluso las cosas más pequeñas son buenas para notar]

1._____

2._____

RVRR Parte 2: ¿Liberaste tu bóveda? ¿Cómo te fue? Escribe sobre ello aquí:
_____
_____
_____

Visualiza una persona, un lugar, animal o yo superior que te haga sentir seguro y amado: **imagina** y siente esta esencia. Suaviza tu mirada o cierra los ojos y respira profundamente unas cuantas veces mientras te conectas. **Siente** el contacto amoroso, afectuoso y seguro. Permítete **fundirte** en el abrazo más relajante y reconfortante. Permítete **quedarte aquí durante un minuto completo**. ¿Hay alguna **sensación** o algún **mensaje** que te llega? ¿**Dónde** lo sientes en tu cuerpo? *Escribe las palabras que mejor describen esta experiencia:*
_____
_____
_____

Identifiqua una cosa por la que estes **agradecido** hoy: asegurate de que sea diferente de lo que identificaste ayer. [Incluso las cosas más pequeñas cuentan] Suaviza tu mirada/o cierra los ojos y respira profundamente unas cuantas veces mientras te **tomas un minuto completo** para **saborear** este sentimiento de gratitud. Escribe los detalles a continuación:
_____
_____
_____

Identifica una **necesidad** actual. Entra dentro de ti y pregúntate "¿qué necesito?" Escribe en tercera persona "tu nombre necesita":
_____
_____

Comenzando Mi Dia _____/_____/_____

Libera algo de espacio mental. Describe brevemente el pensamiento o factor estresante más fuerte que tienes en mente: etiqueta la emoción.

_____
_____
_____

Ubicación corporal: _____   Sensación corporal: _____

RVRR Parte 1: Tómate un minuto para realizar la parte 1 de la técnica RVRR. Ahora, establece un plan sobre cuándo, dónde y cómo liberarás tu bóveda más tarde hoy. *Escribe tu plan a continuación:*

_____
_____
_____

Visualiza sólo un aspecto de la vida de tus sueños: no planifiques ni pienses estrategias sobre cómo va a suceder. **Imagínate el resultado final.** Suaviza tu mirada o cierra los ojos y respira profundamente unas cuantas veces mientras imaginas y conectas con esta parte de tu vida ideal. **Tómate un minuto completo** para **disfrutar** de esta experiencia. ¿Cómo se ve y se siente esta parte de la vida de tus sueños? *Escribe las palabras "¿Que tal...?" y luego describe este aspecto específico de la vida de tus sueños.*

_____
_____
_____
_____
_____

Mira profundamente en ti mismo: mira y siente quién eres en verdad: tus valores, tu esencia, tus habilidades innatas y tu corazón. ¿Qué imágenes y cualidades representan tu verdadero yo? **Afirma** tu personalidad única. *Escribe las palabras que mejor te describen:*

_____
_____
_____
_____

Terminando Mi Día _____/_____/_____

Enumera Dos cosas que te salieron bien hoy. [Incluso las cosas más pequeñas son buenas para notar]

1._____

2._____

RVRR Parte 2: ¿Liberaste tu bóveda? ¿Cómo te fue? Escribe sobre ello aquí:
_____
_____
_____

Visualiza una persona, un lugar, animal o yo superior que te haga sentir seguro y amado: **imagina** y siente esta esencia. Suaviza tu mirada o cierra los ojos y respira profundamente unas cuantas veces mientras te conectas. **Siente** el contacto amoroso, afectuoso y seguro. Permítete **fundirte** en el abrazo más relajante y reconfortante. Permítete **quedarte aquí durante un minuto completo**. ¿Hay alguna **sensación** o algún **mensaje** que te llega? ¿**Dónde** lo sientes en tu cuerpo? *Escribe las palabras que mejor describen esta experiencia:*
_____
_____
_____

Identifiqua una cosa por la que estes **agradecido** hoy: asegurate de que sea diferente de lo que identificaste ayer. [Incluso las cosas más pequeñas cuentan] Suaviza tu mirada/o cierra los ojos y respira profundamente unas cuantas veces mientras te **tomas un minuto completo** para **saborear** este sentimiento de gratitud. Escribe los detalles a continuación:
_____
_____
_____

Identifica una **necesidad** actual. Entra dentro de ti y pregúntate "¿qué necesito?" Escribe en tercera persona "tu nombre necesita":
_____
_____

*Comenzando Mi Dia*_____/_____/_____

Libera algo de espacio mental. Describe brevemente el pensamiento o factor estresante más fuerte que tienes en mente: etiqueta la emoción.

_____
_____
_____

Ubicación corporal: _____ Sensación corporal: _____

RVRR Parte 1: Tómate un minuto para realizar la parte 1 de la técnica RVRR. Ahora, establece un plan sobre cuándo, dónde y cómo liberarás tu bóveda más tarde hoy. *Escribe tu plan a continuación:*

_____
_____
_____

Visualiza sólo un aspecto de la vida de tus sueños: no planifiques ni pienses estrategias sobre cómo va a suceder. **Imaginate el resultado final.** Suaviza tu mirada o cierra los ojos y respira profundamente unas cuantas veces mientras imaginas y conectas con esta parte de tu vida ideal. **Tómate un minuto completo** para **disfrutar** de esta experiencia. ¿Cómo se ve y se siente esta parte de la vida de tus sueños? *Escribe las palabras "¿Que tal…?" y luego describe este aspecto específico de la vida de tus sueños.*

_____
_____
_____
_____
_____

Mira profundamente en ti mismo: mira y siente quién eres en verdad: tus valores, tu esencia, tus habilidades innatas y tu corazón. ¿Qué imágenes y cualidades representan tu verdadero yo? **Afirma** tu personalidad única. *Escribe las palabras que mejor te describen:*

_____
_____
_____
_____

Terminando Mi Día _____/_____/_____

Enumera Dos cosas que te salieron bien hoy. [Incluso las cosas más pequeñas son buenas para notar]

1._____

2._____

RVRR Parte 2: ¿Liberaste tu bóveda? ¿Cómo te fue? Escribe sobre ello aquí:
_____
_____
_____

Visualiza una persona, un lugar, animal o yo superior que te haga sentir seguro y amado: **imagina** y siente esta esencia. Suaviza tu mirada o cierra los ojos y respira profundamente unas cuantas veces mientras te conectas. **Siente** el contacto amoroso, afectuoso y seguro. Permítete **fundirte** en el abrazo más relajante y reconfortante. Permítete **quedarte aquí durante un minuto completo**. ¿Hay alguna **sensación** o algún **mensaje** que te llega? ¿**Dónde** lo sientes en tu cuerpo? *Escribe las palabras que mejor describen esta experiencia:*
_____
_____
_____
_____

Identifiqua una cosa por la que estes **agradecido** hoy: asegurate de que sea diferente de lo que identificaste ayer. [Incluso las cosas más pequeñas cuentan] Suaviza tu mirada/o cierra los ojos y respira profundamente unas cuantas veces mientras te **tomas un minuto completo** para **saborear** este sentimiento de gratitud. Escribe los detalles a continuación:
_____
_____
_____

Identifica una **necesidad** actual. Entra dentro de ti y pregúntate "¿qué necesito?" Escribe en tercera persona "tu nombre necesita":
_____
_____

*Comenzando Mi Dia*_____/_____/_____

Libera algo de espacio mental. Describe brevemente el pensamiento o factor estresante más fuerte que tienes en mente: etiqueta la emoción.

_____
_____
_____

Ubicación corporal: _____   Sensación corporal: _____

RVRR Parte 1: Tómate un minuto para realizar la parte 1 de la técnica RVRR. Ahora, establece un plan sobre cuándo, dónde y cómo liberarás tu bóveda más tarde hoy. *Escribe tu plan a continuación:*

_____
_____
_____

Visualiza sólo un aspecto de la vida de tus sueños: no planifiques ni pienses estrategias sobre cómo va a suceder. **Imaginate el resultado final.** Suaviza tu mirada o cierra los ojos y respira profundamente unas cuantas veces mientras imaginas y conectas con esta parte de tu vida ideal. **Tómate un minuto completo** para **disfrutar** de esta experiencia. ¿Cómo se ve y se siente esta parte de la vida de tus sueños? *Escribe las palabras "¿Que tal...?" y luego describe este aspecto específico de la vida de tus sueños.*

_____
_____
_____
_____
_____

Mira profundamente en ti mismo: mira y siente quién eres en verdad: tus valores, tu esencia, tus habilidades innatas y tu corazón. ¿Qué imágenes y cualidades representan tu verdadero yo? **Afirma** tu personalidad única. *Escribe las palabras que mejor te describen:*

_____
_____
_____
_____

Terminando Mi Día _____/_____/_____

Enumera Dos cosas que te salieron bien hoy. [Incluso las cosas más pequeñas son buenas para notar]

1._____

2._____

RVRR Parte 2: ¿Liberaste tu bóveda? ¿Cómo te fue? Escribe sobre ello aquí:

_____
_____
_____

Visualiza una persona, un lugar, animal o yo superior que te haga sentir seguro y amado: **imagina** y siente esta esencia. Suaviza tu mirada o cierra los ojos y respira profundamente unas cuantas veces mientras te conectas. **Siente** el contacto amoroso, afectuoso y seguro. Permítete **fundirte** en el abrazo más relajante y reconfortante. Permítete **quedarte aquí durante un minuto completo**. ¿Hay alguna **sensación** o algún **mensaje** que te llega? ¿**Dónde** lo sientes en tu cuerpo? *Escribe las palabras que mejor describen esta experiencia:*

_____
_____
_____

Identifiqua una cosa por la que estes **agradecido** hoy: asegurate de que sea diferente de lo que identificaste ayer. [Incluso las cosas más pequeñas cuentan] Suaviza tu mirada/o cierra los ojos y respira profundamente unas cuantas veces mientras te **tomas un minuto completo** para **saborear** este sentimiento de gratitud. Escribe los detalles a continuación:

_____
_____
_____

Identifica una **necesidad** actual. Entra dentro de ti y pregúntate "¿qué necesito?" Escribe en tercera persona "tu nombre necesita":

_____
_____
_____

*Comenzando Mi Dia*_____/_____/_____

Libera algo de espacio mental. Describe brevemente el pensamiento o factor estresante más fuerte que tienes en mente: etiqueta la emoción.

_____

_____

_____

Ubicación corporal: _____ Sensación corporal: _____

RVRR Parte 1: Tómate un minuto para realizar la parte 1 de la técnica RVRR. Ahora, establece un plan sobre cuándo, dónde y cómo liberarás tu bóveda más tarde hoy. *Escribe tu plan a continuación:*

_____

_____

_____

Visualiza sólo un aspecto de la vida de tus sueños: no planifiques ni pienses estrategias sobre cómo va a suceder. **Imaginate el resultado final**. Suaviza tu mirada o cierra los ojos y respira profundamente unas cuantas veces mientras imaginas y conectas con esta parte de tu vida ideal. **Tómate un minuto completo** para **disfrutar** de esta experiencia. ¿Cómo se ve y se siente esta parte de la vida de tus sueños? *Escribe las palabras "¿Que tal...?" y luego describe este aspecto específico de la vida de tus sueños.*

_____

_____

_____

_____

_____

Mira profundamente en ti mismo: mira y siente quién eres en verdad: tus valores, tu esencia, tus habilidades innatas y tu corazón. ¿Qué imágenes y cualidades representan tu verdadero yo? **Afirma** tu personalidad única. *Escribe las palabras que mejor te describen:*

_____

_____

_____

_____

Terminando Mi Día _____/_____/_____

Enumera Dos cosas que te salieron bien hoy. [Incluso las cosas más pequeñas son buenas para notar]

1._____

2._____

RVRR Parte 2: ¿Liberaste tu bóveda? ¿Cómo te fue? Escribe sobre ello aquí:
_____
_____
_____

Visualiza una persona, un lugar, animal o yo superior que te haga sentir seguro y amado: **imagina** y siente esta esencia. Suaviza tu mirada o cierra los ojos y respira profundamente unas cuantas veces mientras te conectas. **Siente** el contacto amoroso, afectuoso y seguro. Permítete **fundirte** en el abrazo más relajante y reconfortante. Permítete **quedarte aquí durante un minuto completo**. ¿Hay alguna **sensación** o algún **mensaje** que te llega? ¿**Dónde** lo sientes en tu cuerpo? *Escribe las palabras que mejor describen esta experiencia:*
_____
_____
_____

Identifiqua una cosa por la que estes **agradecido** hoy: asegurate de que sea diferente de lo que identificaste ayer. [Incluso las cosas más pequeñas cuentan] Suaviza tu mirada/o cierra los ojos y respira profundamente unas cuantas veces mientras te **tomas un minuto completo** para **saborear** este sentimiento de gratitud. Escribe los detalles a continuación:
_____
_____
_____

Identifica una **necesidad** actual. Entra dentro de ti y pregúntate "¿qué necesito?" Escribe en tercera persona "tu nombre necesita":
_____
_____

*Comenzando Mi Dia*_____/_____/_____

Libera algo de espacio mental. Describe brevemente el pensamiento o factor estresante más fuerte que tienes en mente: etiqueta la emoción.

_____

_____

_____

Ubicación corporal: _____ Sensación corporal: _____

RVRR Parte 1: Tómate un minuto para realizar la parte 1 de la técnica RVRR. Ahora, establece un plan sobre cuándo, dónde y cómo liberarás tu bóveda más tarde hoy. *Escribe tu plan a continuación:*

_____

_____

_____

Visualiza sólo un aspecto de la vida de tus sueños: no planifiques ni pienses estrategias sobre cómo va a suceder. **Imagínate el resultado final**. Suaviza tu mirada o cierra los ojos y respira profundamente unas cuantas veces mientras imaginas y conectas con esta parte de tu vida ideal. **Tómate un minuto completo** para **disfrutar** de esta experiencia. ¿Cómo se ve y se siente esta parte de la vida de tus sueños? *Escribe las palabras "¿Que tal...?" y luego describe este aspecto específico de la vida de tus sueños.*

_____

_____

_____

_____

_____

Mira profundamente en ti mismo: mira y siente quién eres en verdad: tus valores, tu esencia, tus habilidades innatas y tu corazón. ¿Qué imágenes y cualidades representan tu verdadero yo? **Afirma** tu personalidad única. *Escribe las palabras que mejor te describen:*

_____

_____

_____

_____

Terminando Mi Día _____/_____/_____

Enumera Dos cosas que te salieron bien hoy. [Incluso las cosas más pequeñas son buenas para notar]

1._____

2._____

RVRR Parte 2: ¿Liberaste tu bóveda? ¿Cómo te fue? Escribe sobre ello aquí:
_____
_____
_____

Visualiza una persona, un lugar, animal o yo superior que te haga sentir seguro y amado: **imagina** y siente esta esencia. Suaviza tu mirada o cierra los ojos y respira profundamente unas cuantas veces mientras te conectas. **Siente** el contacto amoroso, afectuoso y seguro. Permítete **fundirte** en el abrazo más relajante y reconfortante. Permítete **quedarte aquí durante un minuto completo**. ¿Hay alguna **sensación** o algún **mensaje** que te llega? ¿**Dónde** lo sientes en tu cuerpo? *Escribe las palabras que mejor describen esta experiencia:*
_____
_____
_____

Identifiqua una cosa por la que estes **agradecido** hoy: asegurate de que sea diferente de lo que identificaste ayer. [Incluso las cosas más pequeñas cuentan] Suaviza tu mirada/o cierra los ojos y respira profundamente unas cuantas veces mientras te **tomas un minuto completo** para **saborear** este sentimiento de gratitud. Escribe los detalles a continuación:
_____
_____
_____

Identifica una **necesidad** actual. Entra dentro de ti y pregúntate "¿qué necesito?" Escribe en tercera persona "tu nombre necesita":
_____
_____
_____

*Comenzando Mi Dia*_____/_____/_____

Libera algo de espacio mental. Describe brevemente el pensamiento o factor estresante más fuerte que tienes en mente: etiqueta la emoción.

_____

_____

_____

Ubicación corporal: _____ Sensación corporal: _____

RVRR Parte 1: Tómate un minuto para realizar la parte 1 de la técnica RVRR. Ahora, establece un plan sobre cuándo, dónde y cómo liberarás tu bóveda más tarde hoy. *Escribe tu plan a continuación:*

_____

_____

_____

Visualiza sólo un aspecto de la vida de tus sueños: no planifiques ni pienses estrategias sobre cómo va a suceder. **Imaginate el resultado final.** Suaviza tu mirada o cierra los ojos y respira profundamente unas cuantas veces mientras imaginas y conectas con esta parte de tu vida ideal. **Tómate un minuto completo** para **disfrutar** de esta experiencia. ¿Cómo se ve y se siente esta parte de la vida de tus sueños? *Escribe las palabras "¿Que tal...?" y luego describe este aspecto específico de la vida de tus sueños.*

_____

_____

_____

_____

_____

Mira profundamente en ti mismo: mira y siente quién eres en verdad: tus valores, tu esencia, tus habilidades innatas y tu corazón. ¿Qué imágenes y cualidades representan tu verdadero yo? **Afirma** tu personalidad única. *Escribe las palabras que mejor te describen:*

_____

_____

_____

_____

Terminando Mi Día _____/_____/_____

Enumera Dos cosas que te salieron bien hoy. [Incluso las cosas más pequeñas son buenas para notar]

1._____

2._____

RVRR Parte 2: ¿Liberaste tu bóveda? ¿Cómo te fue? Escribe sobre ello aquí:

_____

_____

_____

Visualiza una persona, un lugar, animal o yo superior que te haga sentir seguro y amado: **imagina** y siente esta esencia. Suaviza tu mirada o cierra los ojos y respira profundamente unas cuantas veces mientras te conectas. **Siente** el contacto amoroso, afectuoso y seguro. Permítete **fundirte** en el abrazo más relajante y reconfortante. Permítete **quedarte aquí durante un minuto completo**. ¿Hay alguna **sensación** o algún **mensaje** que te llega? ¿**Dónde** lo sientes en tu cuerpo? *Escribe las palabras que mejor describen esta experiencia:*

_____

_____

_____

_____

Identifiqua una cosa por la que estes **agradecido** hoy: asegurate de que sea diferente de lo que identificaste ayer. [Incluso las cosas más pequeñas cuentan] Suaviza tu mirada/o cierra los ojos y respira profundamente unas cuantas veces mientras te **tomas un minuto completo** para **saborear** este sentimiento de gratitud. Escribe los detalles a continuación:

_____

_____

_____

Identifica una **necesidad** actual. Entra dentro de ti y pregúntate "¿qué necesito?" Escribe en tercera persona "tu nombre necesita":

_____

_____

_____

*Comenzando Mi Dia*_____/_____/_____

Libera algo de espacio mental. Describe brevemente el pensamiento o factor estresante más fuerte que tienes en mente: etiqueta la emoción.

_____
_____
_____

Ubicación corporal: _____ Sensación corporal: _____

RVRR Parte 1: Tómate un minuto para realizar la parte 1 de la técnica RVRR. Ahora, establece un plan sobre cuándo, dónde y cómo liberarás tu bóveda más tarde hoy. *Escribe tu plan a continuación:*

_____
_____
_____

Visualiza sólo un aspecto de la vida de tus sueños: no planifiques ni pienses estrategias sobre cómo va a suceder. **Imagínate el resultado final**. Suaviza tu mirada o cierra los ojos y respira profundamente unas cuantas veces mientras imaginas y conectas con esta parte de tu vida ideal. **Tómate un minuto completo** para **disfrutar** de esta experiencia. ¿Cómo se ve y se siente esta parte de la vida de tus sueños? *Escribe las palabras "¿Que tal...?" y luego describe este aspecto específico de la vida de tus sueños.*

_____
_____
_____
_____

Mira profundamente en ti mismo: mira y siente quién eres en verdad: tus valores, tu esencia, tus habilidades innatas y tu corazón. ¿Qué imágenes y cualidades representan tu verdadero yo? **Afirma** tu personalidad única. *Escribe las palabras que mejor te describen:*

_____
_____
_____
_____

Terminando Mi Día _____/_____/_____

Enumera Dos cosas que te salieron bien hoy. [Incluso las cosas más pequeñas son buenas para notar]

1._____

2._____

RVRR Parte 2: ¿Liberaste tu bóveda? ¿Cómo te fue? Escribe sobre ello aquí:
_____
_____
_____

Visualiza una persona, un lugar, animal o yo superior que te haga sentir seguro y amado: **imagina** y siente esta esencia. Suaviza tu mirada o cierra los ojos y respira profundamente unas cuantas veces mientras te conectas. **Siente** el contacto amoroso, afectuoso y seguro. Permítete **fundirte** en el abrazo más relajante y reconfortante. Permítete **quedarte aquí durante un minuto completo**. ¿Hay alguna **sensación** o algún **mensaje** que te llega? ¿**Dónde** lo sientes en tu cuerpo? *Escribe las palabras que mejor describen esta experiencia:*
_____
_____
_____

Identifiqua una cosa por la que estes **agradecido** hoy: asegurate de que sea diferente de lo que identificaste ayer. [Incluso las cosas más pequeñas cuentan] Suaviza tu mirada/o cierra los ojos y respira profundamente unas cuantas veces mientras te **tomas un minuto completo** para **saborear** este sentimiento de gratitud. Escribe los detalles a continuación:
_____
_____
_____

Identifica una **necesidad** actual. Entra dentro de ti y pregúntate "¿qué necesito?" Escribe en tercera persona "tu nombre necesita":
_____
_____
_____

*Comenzando Mi Dia*_____/_____/_____

Libera algo de espacio mental. Describe brevemente el pensamiento o factor estresante más fuerte que tienes en mente: etiqueta la emoción.

_____

_____

_____

Ubicación corporal: _____ Sensación corporal: _____

RVRR Parte 1: Tómate un minuto para realizar la parte 1 de la técnica RVRR. Ahora, establece un plan sobre cuándo, dónde y cómo liberarás tu bóveda más tarde hoy. *Escribe tu plan a continuación:*

_____

_____

_____

Visualiza sólo un aspecto de la vida de tus sueños: no planifiques ni pienses estrategias sobre cómo va a suceder. **Imagínate el resultado final.** Suaviza tu mirada o cierra los ojos y respira profundamente unas cuantas veces mientras imaginas y conectas con esta parte de tu vida ideal. **Tómate un minuto completo** para **disfrutar** de esta experiencia. ¿Cómo se ve y se siente esta parte de la vida de tus sueños? *Escribe las palabras "¿Que tal...?" y luego describe este aspecto específico de la vida de tus sueños.*

_____

_____

_____

_____

_____

Mira profundamente en ti mismo: mira y siente quién eres en verdad: tus valores, tu esencia, tus habilidades innatas y tu corazón. ¿Qué imágenes y cualidades representan tu verdadero yo? **Afirma** tu personalidad única. *Escribe las palabras que mejor te describen:*

_____

_____

_____

_____

Terminando Mi Día _____/_____/_____

Enumera Dos cosas que te salieron bien hoy. [Incluso las cosas más pequeñas son buenas para notar]

1._____

2._____

RVRR Parte 2: ¿Liberaste tu bóveda? ¿Cómo te fue? Escribe sobre ello aquí:
_____
_____
_____

Visualiza una persona, un lugar, animal o yo superior que te haga sentir seguro y amado: **imagina** y siente esta esencia. Suaviza tu mirada o cierra los ojos y respira profundamente unas cuantas veces mientras te conectas. **Siente** el contacto amoroso, afectuoso y seguro. Permítete **fundirte** en el abrazo más relajante y reconfortante. Permítete **quedarte aquí durante un minuto completo**. ¿Hay alguna **sensación** o algún **mensaje** que te llega? ¿**Dónde** lo sientes en tu cuerpo? *Escribe las palabras que mejor describen esta experiencia:*
_____
_____
_____
_____

Identifiqua una cosa por la que estes **agradecido** hoy: asegurate de que sea diferente de lo que identificaste ayer. [Incluso las cosas más pequeñas cuentan] Suaviza tu mirada/o cierra los ojos y respira profundamente unas cuantas veces mientras te **tomas un minuto completo** para **saborear** este sentimiento de gratitud. Escribe los detalles a continuación:
_____
_____
_____

Identifica una **necesidad** actual. Entra dentro de ti y pregúntate "¿qué necesito?" Escribe en tercera persona "tu nombre necesita":
_____
_____
_____

*Comenzando Mi Dia*_____/_____/_____

Libera algo de espacio mental. Describe brevemente el pensamiento o factor estresante más fuerte que tienes en mente: etiqueta la emoción.

_____

_____

_____

Ubicación corporal: _____ Sensación corporal: _____

RVRR Parte 1: Tómate un minuto para realizar la parte 1 de la técnica RVRR. Ahora, establece un plan sobre cuándo, dónde y cómo liberarás tu bóveda más tarde hoy. *Escribe tu plan a continuación:*

_____

_____

_____

Visualiza sólo un aspecto de la vida de tus sueños: no planifiques ni pienses estrategias sobre cómo va a suceder. **Imaginate el resultado final.** Suaviza tu mirada o cierra los ojos y respira profundamente unas cuantas veces mientras imaginas y conectas con esta parte de tu vida ideal. **Tómate un minuto completo** para **disfrutar** de esta experiencia. ¿Cómo se ve y se siente esta parte de la vida de tus sueños? *Escribe las palabras "¿Que tal...?" y luego describe este aspecto específico de la vida de tus sueños.*

_____

_____

_____

_____

_____

Mira profundamente en ti mismo: mira y siente quién eres en verdad: tus valores, tu esencia, tus habilidades innatas y tu corazón. ¿Qué imágenes y cualidades representan tu verdadero yo? **Afirma** tu personalidad única. *Escribe las palabras que mejor te describen:*

_____

_____

_____

_____

Terminando Mi Día _____/_____/_____

Enumera Dos cosas que te salieron bien hoy. [Incluso las cosas más pequeñas son buenas para notar]

1._____

2._____

RVRR Parte 2: ¿Liberaste tu bóveda? ¿Cómo te fue? Escribe sobre ello aquí:

_____

_____

_____

Visualiza una persona, un lugar, animal o yo superior que te haga sentir seguro y amado: **imagina** y siente esta esencia. Suaviza tu mirada o cierra los ojos y respira profundamente unas cuantas veces mientras te conectas. **Siente** el contacto amoroso, afectuoso y seguro. Permítete **fundirte** en el abrazo más relajante y reconfortante. Permítete **quedarte aquí durante un minuto completo**. ¿Hay alguna **sensación** o algún **mensaje** que te llega? ¿**Dónde** lo sientes en tu cuerpo? *Escribe las palabras que mejor describen esta experiencia:*

_____

_____

_____

_____

Identifiqua una cosa por la que estes **agradecido** hoy: asegurate de que sea diferente de lo que identificaste ayer. [Incluso las cosas más pequeñas cuentan] Suaviza tu mirada/o cierra los ojos y respira profundamente unas cuantas veces mientras te **tomas un minuto completo** para **saborear** este sentimiento de gratitud. Escribe los detalles a continuación:

_____

_____

_____

Identifica una **necesidad** actual. Entra dentro de ti y pregúntate "¿qué necesito?" Escribe en tercera persona "tu nombre necesita":

_____

_____

_____

*Comenzando Mi Dia*_____/_____/_____

Libera algo de espacio mental. Describe brevemente el pensamiento o factor estresante más fuerte que tienes en mente: etiqueta la emoción.

_____

_____

_____

Ubicación corporal: _____ Sensación corporal: _____

RVRR Parte 1: Tómate un minuto para realizar la parte 1 de la técnica RVRR. Ahora, establece un plan sobre cuándo, dónde y cómo liberarás tu bóveda más tarde hoy. *Escribe tu plan a continuación:*

_____

_____

_____

Visualiza sólo un aspecto de la vida de tus sueños: no planifiques ni pienses estrategias sobre cómo va a suceder. **Imagínate el resultado final**. Suaviza tu mirada o cierra los ojos y respira profundamente unas cuantas veces mientras imaginas y conectas con esta parte de tu vida ideal. **Tómate un minuto completo** para **disfrutar** de esta experiencia. ¿Cómo se ve y se siente esta parte de la vida de tus sueños? *Escribe las palabras "¿Que tal...?" y luego describe este aspecto específico de la vida de tus sueños.*

_____

_____

_____

_____

Mira profundamente en ti mismo: mira y siente quién eres en verdad: tus valores, tu esencia, tus habilidades innatas y tu corazón. ¿Qué imágenes y cualidades representan tu verdadero yo? **Afirma** tu personalidad única. *Escribe las palabras que mejor te describen:*

_____

_____

_____

Terminando Mi Día _____/_____/_____

Enumera Dos cosas que te salieron bien hoy. [Incluso las cosas más pequeñas son buenas para notar]

1._____

2._____

RVRR Parte 2: ¿Liberaste tu bóveda? ¿Cómo te fue? Escribe sobre ello aquí:
_____
_____
_____

Visualiza una persona, un lugar, animal o yo superior que te haga sentir seguro y amado: **imagina** y siente esta esencia. Suaviza tu mirada o cierra los ojos y respira profundamente unas cuantas veces mientras te conectas. **Siente** el contacto amoroso, afectuoso y seguro. Permítete **fundirte** en el abrazo más relajante y reconfortante. Permítete **quedarte aquí durante un minuto completo**. ¿Hay alguna **sensación** o algún **mensaje** que te llega? ¿**Dónde** lo sientes en tu cuerpo? *Escribe las palabras que mejor describen esta experiencia:*
_____
_____
_____
_____

Identifiqua una cosa por la que estes **agradecido** hoy: asegurate de que sea diferente de lo que identificaste ayer. [Incluso las cosas más pequeñas cuentan] Suaviza tu mirada/o cierra los ojos y respira profundamente unas cuantas veces mientras te **tomas un minuto completo** para **saborear** este sentimiento de gratitud. Escribe los detalles a continuación:
_____
_____
_____

Identifica una **necesidad** actual. Entra dentro de ti y pregúntate "¿qué necesito?" Escribe en tercera persona "tu nombre necesita":
_____
_____
_____

*Comenzando Mi Dia*_____/_____/_____

Libera algo de espacio mental. Describe brevemente el pensamiento o factor estresante más fuerte que tienes en mente: etiqueta la emoción.

_____

_____

_____

Ubicación corporal: _____   Sensación corporal: _____

RVRR Parte 1: Tómate un minuto para realizar la parte 1 de la técnica RVRR. Ahora, establece un plan sobre cuándo, dónde y cómo liberarás tu bóveda más tarde hoy. *Escribe tu plan a continuación:*

_____

_____

_____

Visualiza sólo un aspecto de la vida de tus sueños: no planifiques ni pienses estrategias sobre cómo va a suceder. **Imaginate el resultado final**. Suaviza tu mirada o cierra los ojos y respira profundamente unas cuantas veces mientras imaginas y conectas con esta parte de tu vida ideal. **Tómate un minuto completo** para **disfrutar** de esta experiencia. ¿Cómo se ve y se siente esta parte de la vida de tus sueños? *Escribe las palabras "¿Que tal...?" y luego describe este aspecto específico de la vida de tus sueños.*

_____

_____

_____

_____

_____

Mira profundamente en ti mismo: mira y siente quién eres en verdad: tus valores, tu esencia, tus habilidades innatas y tu corazón. ¿Qué imágenes y cualidades representan tu verdadero yo? **Afirma** tu personalidad única. *Escribe las palabras que mejor te describen:*

_____

_____

_____

_____

Terminando Mi Día _____/_____/_____

Enumera Dos cosas que te salieron bien hoy. [Incluso las cosas más pequeñas son buenas para notar]

1._____

2._____

RVRR Parte 2: ¿Liberaste tu bóveda? ¿Cómo te fue? Escribe sobre ello aquí:
_____
_____
_____

Visualiza una persona, un lugar, animal o yo superior que te haga sentir seguro y amado: **imagina** y siente esta esencia. Suaviza tu mirada o cierra los ojos y respira profundamente unas cuantas veces mientras te conectas. **Siente** el contacto amoroso, afectuoso y seguro. Permítete **fundirte** en el abrazo más relajante y reconfortante. Permítete **quedarte aquí durante un minuto completo**. ¿Hay alguna **sensación** o algún **mensaje** que te llega? ¿**Dónde** lo sientes en tu cuerpo? *Escribe las palabras que mejor describen esta experiencia:*
_____
_____
_____

Identifiqua una cosa por la que estes **agradecido** hoy: asegurate de que sea diferente de lo que identificaste ayer. [Incluso las cosas más pequeñas cuentan] Suaviza tu mirada/o cierra los ojos y respira profundamente unas cuantas veces mientras te **tomas un minuto completo** para **saborear** este sentimiento de gratitud. Escribe los detalles a continuación:
_____
_____
_____

Identifica una **necesidad** actual. Entra dentro de ti y pregúntate "¿qué necesito?" Escribe en tercera persona "tu nombre necesita":
_____
_____
_____

Comenzando Mi Dia _____/_____/_____

Libera algo de espacio mental. Describe brevemente el pensamiento o factor estresante más fuerte que tienes en mente: etiqueta la emoción.

_____

_____

_____

Ubicación corporal: _____ Sensación corporal: _____

RVRR Parte 1: Tómate un minuto para realizar la parte 1 de la técnica RVRR. Ahora, establece un plan sobre cuándo, dónde y cómo liberarás tu bóveda más tarde hoy. *Escribe tu plan a continuación:*

_____

_____

Visualiza sólo un aspecto de la vida de tus sueños: no planifiques ni pienses estrategias sobre cómo va a suceder. **Imaginate el resultado final.** Suaviza tu mirada o cierra los ojos y respira profundamente unas cuantas veces mientras imaginas y conectas con esta parte de tu vida ideal. **Tómate un minuto completo** para **disfrutar** de esta experiencia. ¿Cómo se ve y se siente esta parte de la vida de tus sueños? *Escribe las palabras "¿Que tal...?" y luego describe este aspecto específico de la vida de tus sueños.*

_____

_____

_____

_____

_____

Mira profundamente en ti mismo: mira y siente quién eres en verdad: tus valores, tu esencia, tus habilidades innatas y tu corazón. ¿Qué imágenes y cualidades representan tu verdadero yo? **Afirma** tu personalidad única. *Escribe las palabras que mejor te describen:*

_____

_____

_____

_____

Terminando Mi Día _____/_____/_____

Enumera Dos cosas que te salieron bien hoy. [Incluso las cosas más pequeñas son buenas para notar]

1._____

2._____

RVRR Parte 2: ¿Liberaste tu bóveda? ¿Cómo te fue? Escribe sobre ello aquí:
_____
_____
_____

Visualiza una persona, un lugar, animal o yo superior que te haga sentir seguro y amado: **imagina** y siente esta esencia. Suaviza tu mirada o cierra los ojos y respira profundamente unas cuantas veces mientras te conectas. **Siente** el contacto amoroso, afectuoso y seguro. Permítete **fundirte** en el abrazo más relajante y reconfortante. Permítete **quedarte aquí durante un minuto completo**. ¿Hay alguna **sensación** o algún **mensaje** que te llega? ¿**Dónde** lo sientes en tu cuerpo? *Escribe las palabras que mejor describen esta experiencia:*
_____
_____
_____

Identifiqua una cosa por la que estes **agradecido** hoy: asegurate de que sea diferente de lo que identificaste ayer. [Incluso las cosas más pequeñas cuentan] Suaviza tu mirada/o cierra los ojos y respira profundamente unas cuantas veces mientras te **tomas un minuto completo** para **saborear** este sentimiento de gratitud. Escribe los detalles a continuación:
_____
_____
_____

Identifica una **necesidad** actual. Entra dentro de ti y pregúntate "¿qué necesito?" Escribe en tercera persona "tu nombre necesita":
_____
_____
_____

*Comenzando Mi Dia*_____/_____/_____

Libera algo de espacio mental. Describe brevemente el pensamiento o factor estresante más fuerte que tienes en mente: etiqueta la emoción.

_____

_____

Ubicación corporal: _____ Sensación corporal: _____

RVRR Parte 1: Tómate un minuto para realizar la parte 1 de la técnica RVRR. Ahora, establece un plan sobre cuándo, dónde y cómo liberarás tu bóveda más tarde hoy. *Escribe tu plan a continuación:*

_____

_____

Visualiza sólo un aspecto de la vida de tus sueños: no planifiques ni pienses estrategias sobre cómo va a suceder. **Imagínate el resultado final.** Suaviza tu mirada o cierra los ojos y respira profundamente unas cuantas veces mientras imaginas y conectas con esta parte de tu vida ideal. **Tómate un minuto completo** para **disfrutar** de esta experiencia. ¿Cómo se ve y se siente esta parte de la vida de tus sueños? *Escribe las palabras "¿Que tal...?" y luego describe este aspecto específico de la vida de tus sueños.*

_____

_____

_____

_____

Mira profundamente en ti mismo: mira y siente quién eres en verdad: tus valores, tu esencia, tus habilidades innatas y tu corazón. ¿Qué imágenes y cualidades representan tu verdadero yo? **Afirma** tu personalidad única. *Escribe las palabras que mejor te describen:*

_____

_____

_____

_____

Terminando Mi Día _____/_____/_____

Enumera Dos cosas que te salieron bien hoy. [Incluso las cosas más pequeñas son buenas para notar]

1._____

2._____

RVRR Parte 2: ¿Liberaste tu bóveda? ¿Cómo te fue? Escribe sobre ello aquí:

_____

_____

_____

Visualiza una persona, un lugar, animal o yo superior que te haga sentir seguro y amado: **imagina** y siente esta esencia. Suaviza tu mirada o cierra los ojos y respira profundamente unas cuantas veces mientras te conectas. **Siente** el contacto amoroso, afectuoso y seguro. Permítete **fundirte** en el abrazo más relajante y reconfortante. Permítete **quedarte aquí durante un minuto completo**. ¿Hay alguna **sensación** o algún **mensaje** que te llega? ¿**Dónde** lo sientes en tu cuerpo? *Escribe las palabras que mejor describen esta experiencia:*

_____

_____

_____

_____

Identifiqua una cosa por la que estes **agradecido** hoy: asegurate de que sea diferente de lo que identificaste ayer. [Incluso las cosas más pequeñas cuentan] Suaviza tu mirada/o cierra los ojos y respira profundamente unas cuantas veces mientras te **tomas un minuto completo** para **saborear** este sentimiento de gratitud. Escribe los detalles a continuación:

_____

_____

_____

Identifica una **necesidad** actual. Entra dentro de ti y pregúntate "¿qué necesito?" Escribe en tercera persona "tu nombre necesita":

_____

_____

_____

Glosario de emociones

Aquí hay una lista de emociones y cómo se clasifican.

Emociones primarias

Las emociones primarias son las primeras emociones que las personas experimentan en respuesta a un estímulo. A menudo son universales, básicos y estrechamente vinculados a la supervivencia.

Emociones secundarias

Las emociones secundarias son respuestas emocionales a las emociones primarias y, a menudo, son más complejas y matizadas que las emociones primarias. Pueden ser difíciles de entender y suelen durar más que las emociones primarias.

Ira

La ira es una emoción primaria.

Definición de ira:
Fuertes sentimientos de molestia, disgusto u hostilidad.

Emociones secundarias a la ira:
Disgusto, desprecio, repulsión, envidia, celos, exasperación, frustración, irritación, agravamiento, agitación, molestia, mal humor, mal humor, rabia, amargura, desagrado, ferocidad, furia, odio, hostilidad, aborrecimiento, indignación, resentimiento, desprecio, despecho, venganza, tormento

Miedo

El miedo es una emoción primaria.

Definición de miedo:
Una emoción desagradable causada por la creencia de que alguien o algo es peligroso, que probablemente cause dolor o una amenaza.

Emociones secundarias al miedo:
Horror, alarma, susto, histeria, mortificación, pánico, shock, terror, nerviosismo, ansiedad, aprensión, angustia, pavor, tensión, inquietud, preocupación.

Alegría

La alegría es una emoción primaria.

Definición de alegría:
Un sentimiento de gran placer y felicidad.

Emociones secundarias a la alegría:
Diversión, dicha, deleite, éxtasis, júbilo, goce, euforia, júbilo, Felicidad, satisfacción, contentamiento, placer, embeleso, optimismo, afán, esperanza, orgullo, triunfo, alivio, ánimo, entusiasmo, excitación, júbilo.

Amor

El amor es una emoción primaria.

Definición de amor:
Un intenso sentimiento de profundo afecto.

Emociones secundarias al amor:
Adoración, atracción, cuidado, compasión, cariño, agrado, sentimentalismo, ternura, anhelo, lujuria, excitación, deseo, pasión.

Tristeza

La tristeza es una emoción primaria.

Definición de tristeza:
Un dolor emocional asociado o caracterizado por sentimientos de desventaja, pérdida, desesperación, pena, impotencia, desilusión y tristeza. Una persona que experimenta tristeza puede volverse tranquila o letárgica y alejarse de los demás.

Emociones secundarias a la tristeza:
Decepción, consternación, disgusto, negligencia, alienación, derrota, abatimiento, vergüenza, nostalgia, humillación, inseguridad, aislamiento, insulto, soledad, rechazo, depresión, desesperación, pena, melancolía, miseria, infelicidad, ay, vergüenza, culpa, arrepentimiento, remordimiento, sufrimiento, agonía, angustia, herida, simpatía, lástima

Sorpresa

La sorpresa es una emoción primaria.

Definición de sorpresa:
Recibir un impacto de asombro especialmente por algo inesperado.

Emociones secundarias a la sorpresa:
Extrañeza, Estupor, Perplejidad, Fascinación

Cómo sentir tus emociones

Aquí tienes una fórmula paso a paso para sentir tus emociones.

1) Surge una emoción incómoda y tu mente comienza a crear significado/historias en torno a la emoción (por ejemplo: no soy digno de ser amado, estoy en peligro de perder x, no soy lo suficientemente bueno, nunca lograré x, Soy un perdedor, en el peor de los casos, etc.)

2) Detente: en realidad no "sientes" tus emociones. Estás "pensando" en las ideas que has asociado a tus emociones. Necesitamos centrarnos únicamente en el "sentimiento".

3) Cambia tu conciencia y concéntrate en tu cuerpo físico.

4) Escanea tu cuerpo y localiza dónde sientes la emoción.

5) Describe lo mejor que puedas cómo se siente la emoción dentro de tu cuerpo (es forma, color, temperatura, textura, sensaciones, imágenes, sonidos, sabor, etc.)

6) Respira hondo.

7) Observa la emoción y permítele simplemente estar ahí tal como está. Observe si la emoción permanece igual, se mueve, cambia, se vuelve más intensa o menos intensa, etc., siga respirando y observándola.

8) Nombra la emoción: Un nombre rápido y corto (ira, tristeza, miedo, etc.)

9) A veces la emoción pasa de una parte del cuerpo a otra. Sigue siguiéndolo y observándolo.

10) Tu mente querrá empezar a pensar de nuevo y a asociar historias y significados a esta emoción. Detén tu mente tantas veces como sea necesario y sigue redirigiendo tu conciencia hacia las sensaciones dentro de tu cuerpo.

11) Observa que, aunque esta emoción (este sentimiento en tu cuerpo) te resulta incómoda, todavía estás vivo y has sobrevivido.

12) Repita hasta que sientas que la emoción ha desaparecido o tengas una sensación de alivio o plenitud.

Si se estás fatigando debido a la intensidad y el tiempo dedicado a una emoción incómoda, puedes intentar cambiar temporalmente tu enfoque a una parte diferente del cuerpo que se sienta neutral o buena y concentrarte en esas sensaciones durante unos segundos. Luego vuelve a la emoción incómoda en el cuerpo y continúa el ejercicio.

Ejemplo de cómo sentir tus emociones

- Noto una bola oscura y fría entre mi pecho y mi estómago. Se siente como si tuviera púas.
- Se siente como si estuviera hecho de metal. También sabe a metal.
- Se vuelve más pesado y siento presión en el pecho.
- Lo siento cada vez más fuerte y más grande.
- Se siente muy incómodo. Está oscureciendo.
- Ahora siento una sensación de caída.
- La sensación de caída es cada vez más incómoda
- Se siente casi insoportable, pero me recuerdo que estoy vivo.
- Ahora se está volviendo más pequeño y menos intenso.
- Se hizo más grande nuevamente y la sensación de caída se hizo más rápida y más fuerte.
- Tengo miedo. Esto es miedo.
- Ahora las sensaciones se han trasladado a mis muslos.
- La sensación incómoda en mis muslos se siente como una sensación de huir. Tengo ganas de huir.

- Ahora lo siento tanto en mis muslos como en mi plexo solar pero es más fuerte en mis muslos.
- Ahora se movió a mis brazos y ahora lo siento caliente y ardor.
- Ahora se está volviendo más débil y más suave.
- Me siento muy cansado.
- Siento que ya no está.
- Sobreviví.

Vocabulario de sensaciones físicas

A continuación se muestran algunas palabras comunes que se utilizan para describir sensaciones físicas asociadas con las emociones.

Aprender a sentir y describir las emociones de tu cuerpo (interocepción) es una habilidad altamente evolucionada que requiere tiempo y práctica. Si bien existen algunas sensaciones y descripciones comunes asociadas con ciertas emociones; Cada persona es única y es posible que sientas sensaciones que no están en esta lista o que están categorizadas de manera diferente a esta lista.

Ira
Ardiente, apretado, constreñido, denso, energizado, explosivo, ardiente, caliente, anudado, caliente, apresurado, enrojecido, con picazón, dentado, nervioso, agitado, anudado, lleno, pegajoso, rojo, puntiagudo, agudo, pesado, resbaladizo, nublado, lleno de baches, granulado

Miedo
Frío, oscuro, tembloroso, escalofrío, sudoroso, tembloroso, mareado, aleteo, náuseas, sensación de vacío en el estómago, mareado, espacial, hormigueo, nervioso, constreñido, blindado, bloqueado, apretado, cerrado, congestionado, anudado, entumecido, atascado, asfixiado, tenso, espesa, palpitante, tensa, de madera, hinchada, sin aliento, congelada, contraída, con la piel de gallina, húmeda, densa, mareada, glacial, tambaleante, agudo, presión, paralizado, fuerte, rodante, negro, morado, rojo

Alegría
Activado, sin aliento, burbujeante, zumbante, eléctrico, energizado, flotante, fluido, radiante, brillante, hormigueo, nervioso, de corazón abierto, aireado, vivo, despierto, expandido, fluido, pleno, abierto, relajado, liberador, suave, espacioso, quieto. vital, fresco en expansión, ligero, suelto, sedoso, liso, suave, espacioso, amarillo, morado, verde, Naranja

Amor
Suave, resplandeciente, acogedor, derretido, conmovido, tocado, cálido, en expansión, reluciente, radiante, caliente

Tristeza
Desapareciendo, desconectado, vacío, congelado, pesado, escondido, helado, implosionando pequeño, dolorido, magullado, abierto, penetrante, espinoso, crudo, abrasador, sensible, dolorido, tambaleante, pesado, solo, abajo, agujero, hueco, sin ataduras, ponderado, quebradizo, enfriado, pegajoso, cerrado, frío, congestionado, constreñido, calambre, aburrido, vacío, andrajoso, crudo, azul, negro, gris

Sorpresa
Elástico, eléctrico, débil, fluido, aleteo, frenético, caliente, frío, rojo, hormigueo, helado, cayendo, amarillo, corriendo

Pensamientos finales

Una nota especial de la autora.

Desarrollar flexibilidad psicológica y sentir tus emociones es mucho más fácil de decir que de hacer. Se necesita tiempo y práctica para dominar estas habilidades. El Diario del Cerebro Feliz es como un entrenador personal para el cerebro y el sistema nervioso. Algunos días, sentir tus emociones puede parecer como si acabaras de correr un maratón. Esto está dentro del espectro de lo normal. Nuestra mente y nuestro cuerpo están intrincadamente conectados, y nuestras emociones provocan sensaciones físicas reales y consumen energía tal como lo haría correr una maratón o una intensa sesión de gimnasio.

Piensa en todos los logros más importantes y significativos que has tenido hasta ahora. Lo más probable es que requirieran tiempo y un esfuerzo significativo. Probablemente también sigan requiriendo tiempo y algo de esfuerzo para mantenerlos.

Mi deseo para ti es que con la práctica te conviertas en un maestro de la flexibilidad psicológica y que esta habilidad llegue a todas las áreas más importantes de tu vida, ayudándote a alcanzar tus sueños más grandes y felices. Mereces vivir una vida plena y gratificante.

También espero que a medida que cada persona en este planeta se vuelva más hábil y consciente de su paisaje interno, nuestro paisaje externo (la madre naturaleza) pueda sanar y prosperar para que muchas generaciones después de nosotros puedan vivir y continuar con nuestro legado.

Con amor,

Esma

Recursos

National Institute of Mental Health (nami.org) – Una organización financiada por el gobierno que ofrece programas educativos, recursos, promoción y crea conciencia sobre diversas afecciones de salud mental.

Suicide Stop (sucidestop.com) – Un centro de recursos sobre suicidio y autolesiones para chats en línea, líneas directas y números de emergencia en todo el mundo, medios interactivos, información útil y consejos útiles.

National Domestic Violence Hotline (thehotline.org) – Una organización que brinda apoyo gratuito, confidencial y compasivo, información sobre intervención en crisis, educación y servicios de referencia en más de 200 idiomas.

TU APOYO HACE UNA GRAN DIFERENCIA!

Cuando apoyas nuestro negocio, estás apoyando que un sueño se haga realidad.

Comparta una imagen o un video de tu Diario del Cerebro Feliz en las redes sociales para obtener un **20 % de descuento en su próxima compra!**

Envíe un correo electrónico a hello@quantummindframe.com con el enlace de tu publicación en las redes sociales para recibir tu descuento especial.

Conectemos!

Sigue nuestros canales sociales @quantummindframe.

Si encuentra este libro, devuélvalo a:

_____
_____

www.ingramcontent.com/pod-product-compliance
Lightning Source LLC
Chambersburg PA
CBHW072152070526
44585CB00015B/1109